UTB

W0336221

Eine Arbeitsgemeinschaft der Verlage

Böhlau Verlag · Wien · Köln · Weimar
Verlag Barbara Budrich · Opladen · Toronto
facultas.wuv · Wien
Wilhelm Fink · München
A. Francke Verlag · Tübingen und Basel
Haupt Verlag · Bern · Stuttgart · Wien
Julius Klinkhardt Verlagsbuchhandlung · Bad Heilbrunn
Mohr Siebeck · Tübingen
Nomos Verlagsgesellschaft · Baden-Baden
Ernst Reinhardt Verlag · München · Basel
Ferdinand Schöningh · Paderborn · München · Wien · Zürich
Eugen Ulmer Verlag · Stuttgart
UVK Verlagsgesellschaft · Konstanz, mit UVK / Lucius · München
Vandenhoeck & Ruprecht · Göttingen · Bristol
vdf Hochschulverlag AG an der ETH Zürich

Jörg Mußmann

Inklusive Sprachförderung in der Grundschule

Mit 12 Abbildungen und 1 Tabelle

Ernst Reinhardt Verlag München Basel

Dr. *Jörg Mußmann* ist Vertretungsprofessor für Pädagogik bei Beeinträchtigung der Sprache und des Sprechens an der Universität Hamburg.

Bibliografische Information der Deutschen Nationalbibliothek

Die Deutsche Nationalbibliothek verzeichnet diese Publikation in der Deutschen Nationalbibliografie; detaillierte bibliografische Daten sind im Internet über <http://dnb.d-nb.de> abrufbar.

UTB-Band-Nr.: 3752
ISBN 978-3-8252-3752-3

Printed in Germany
Einbandgestaltung: Atelier Reichert, Stuttgart
Covermotiv: © Woodapple – Fotolia.com
Satz: ew print & medien service gmbh, Würzburg

Ernst Reinhardt Verlag, Kemnatenstr. 46, D–80639 München
Net: www.reinhardt-verlag.de E-Mail: info@reinhardt-verlag.de

Inhalt

Hinweise zur Benutzung dieses Lehrbuches

Die in diesem Buch aufgeführten Online-Materialien 1–6 finden Sie auf den Homepages des Ernst Reinhardt Verlages und der UTB GmbH bei der Darstellung dieses Titels (Download unter: www.reinhardt-verlag.de und www.utb.de).

Hinweise zur Verwendung der Icons

Beispiel

Informationsquellen print und online

Online-Zusatzmaterial

Merksatz

Vorwort

Dieses Buch stellt den sonderpädagogischen Förderschwerpunkt Sprache im inklusiven Bildungssystem vor. Es richtet sich damit gleichermaßen an die Sonderpädagogik und die Grundschulpädagogik.

Die Diskussion zur schulischen Inklusion befindet sich in einer neuen Phase. Die Frage, ob Inklusion oder nicht, ist beantwortet. Nun treiben die Erziehungswissenschaften, insbesondere ihre sonderpädagogischen Domänen, und die Bildungspolitik die Frage voran: „Wie viel Inklusion?" Mit der neuen Empfehlung der Kultusministerkonferenz (KMK) „Inklusive Bildung von Kindern und Jugendlichen mit Behinderungen in Schulen" – beschlossen im Oktober 2011 – wurde die Form der sonderpädagogischen Arbeit neu bestimmt. Statt von besonderer Förderung ist nun von spezialisierten Bildungs- und Unterstützungsangeboten die Rede. Die Empfehlungen bieten zudem einen schulpolitischen Interpretationsspielraum, der in den einzelnen Bundesländern unterschiedlich genutzt wird. Während zum Beispiel in Baden-Württemberg 2012 ein separater Bildungsplan für die „Schule für Sprachbehinderte" veröffentlicht wurde, existieren in Hamburg die Schüler mit Unterstützungsbedarf im Bereich der Erstsprache und des Sprechens statistisch nicht mehr, weil sie einer neuen Gruppe von Kindern mit Lern- und Entwicklungsschwierigkeiten zugeordnet werden, die grundsätzlich an der Regelschule unterrichtet wird.

Der sonderpädagogische Förderschwerpunkt Sprache und seine erziehungswissenschaftliche Fachrichtung haben sich lange Zeit mit diesen neuen Bedingungen schwer getan. Lütje-Klose kritisierte, dass sich die Diskussion zu Integration und Inklusion „seit Mitte der 70er Jahre weitgehend ohne Beteiligung der Sprachbehindertenpädagogik" (Lütje-Klose 1997, 17) vollzog. Dieser Zustand darf jetzt als beendet gelten. Dieses Buch führt in einem ersten Schritt diese beiden Reflexions- und Handlungsbereiche für die Grundschulpädagogik und Sonderpädagogik zusammen. Weitere Schritte müssen folgen. Handlungsformen und Zielsetzungen der Sprachheilpädagogik bleiben aber auch im inklusiven System die, die sie immer waren: pädagogische. Unterricht für Kinder mit Schwierigkeiten in der Entwicklung und dem Gebrauch der Erstsprache, dem Sprechen, der Stimme, der Rede- oder der Kommunikationsfähigkeit ist Unterricht wie jeder andere auch. Er muss jedoch an die individuellen Fähigkeiten und Fertigkeiten der Kinder angepasst werden. Hier beginnt die Notwendigkeit einer Spezialisierung der Pädagogen, um die individuelle Sprachentwicklung bei den Anforderungen im Unterricht zu berücksichtigen, um sprachliche und kommunikative Barrieren erkennen und formal-sprachliche Lernangebote unter den erschwerten Entwicklungsbedingungen der Kinder planen und umsetzen zu können. Sprachrehabilitative Maßnahmen haben sich diesem Bildungsauftrag, aber auch den Möglichkeiten der Kooperation mit Grundschullehrkräften unterzuordnen. Inklusiver Unterricht kann hier an seine Grenzen geraten. Sonderpädagogen mit dem Förderschwerpunkt Sprache spezialisieren sich in diesem Bereich der Entwicklung und Förderung. Kooperation im inklusiven Unterricht setzt Einblick und Sensibilisierung der Grundschulpädagogen in diesem Bereich voraus. Dieses Buch gibt theoretische, didaktische und methodische Einblicke in diese Spezialisierung aller Lehrkräfte im Grundschulbereich für Unterricht, Beratung und Kooperation.

In diesem Buch wird bei Gattungsbegriffen das grammatische Maskulin verwendet. Die weibliche Form ist immer mitgedacht.

Gießen/Hamburg, im Juli 2012
Jörg Mußmann

1 Spezifische Sprachförderung im inklusiven Unterricht

1.1 Förderschwerpunkt Sprache im inklusiven System

Sprache ist Bildung

Sprache ist das Medium der Bildung. Sprache und Bildung ermöglichen Teilhabe an der Gesellschaft (von Humboldt 1965). Die Teilhabe an Bildung ist auch die Teilhabe an sprachlicher Bildung. Sprachliche Bildung und damit auch individuelle Sprachentwicklung begleiten das ganze Leben. Mit ihren strukturellen Gegebenheiten auf der Laut-, Wort- und Satzebene sowie mit ihren verbalen, non- und paraverbalen Modalitäten und der Schrift ist Sprache ein zentrales Medium schulischen Lernens, emotionalen Erlebenes und sozialen Handelns. Mit ihr können wir uns anderen Menschen verbal, schriftlich, gestisch und auch über Bilder von Angesicht zu Angesicht mitteilen und andere verstehen. Mit Sprache können Ideen und Wünsche in Worte gefasst werden. Bedürfnisse nach Akzeptanz und sozialer Regulation äußern sich direkt und indirekt neben dem nonverbalen und melodischen Ausdruck auch über die Wortwahl und den Satzbau; das Erfahren von Selbstwirksamkeit wird so sprachlich vermittelt. Sprachliche und kommunikative Fertigkeiten und Fähigkeiten unterstützen die individuelle Identitätsentwicklung (Hartig-Gönnheimer 1994; Wolf 1998). Sprache erfasst und ordnet das Wollen, aber auch, was nicht gewollt ist. Die Grammatik der Sprache bringt die ausgedrückten Gedanken „auf die Reihe“ und strukturiert gleichzeitig mit Kategorien, mit Ober- und Unterbegriffen die kognitive Entwicklung.

„Die Sprache ist nichts anderes als eine spezialisierte und konventionalisierte Fortführung des gemeinsamen Handelns“ (Braun 2006, 172).

Das besondere am Medium der verbalen Sprache ist, dass es sich zusammensetzt aus einer Menge von Zeichen, die anders als bildhafte Verweise, Mimik oder Gestik, eine ganz besondere Eigenschaft haben. Sie sind symbolische Zeichen, d.h. der Zusammenhang zwischen Zeicheninhalt und Zeichenausdruck ist willkürlich (arbiträr), also nicht naturgegeben und nicht durch sinnliche Wahrnehmung erfahrbar. Der kulturell festgelegte Zusammenhang muss in einer muttersprachlichen Umgebung gelernt werden. Gerade durch diese Willkürlichkeit sind sprachliche Zeichen in den verschiedenen Sprachgemeinschaften konventionalisiert, damit Kommunikation überhaupt möglich wird.

angeborene Fähigkeit zur Sprache

Diese symbolische Eigenschaft der Zeichen zu erkennen, also Sprache in der übrigen Geräuschumgebung unterscheiden und diese symbolischen Zeichen regelhaft verwenden und kombinieren zu können, ist eine gattungsspezifische, angeborene Fähigkeit (Pinker 1996). Sie erfordert jedoch kognitive, emotionale und biologische Entwicklungsschritte (→ Kapitel 2.1).

Sprechen als soziokulturelle Fertigkeit

Das Sprechen wird als soziokulturelle Fertigkeit in einer muttersprachlichen Umgebung gelernt. Dies setzt nicht nur die sensomotorische Erfahrung der Artikulationsorte und Artikulationsweisen und die Imitation der muttersprachlichen Lautbildung voraus, sondern auch ein Wissen über die Vielfalt von Zeichenbedeutungen, ein Wissen über die Welt, über die gesprochen wird, sowie einen äußeren, sozialen Anlass und eine innere Motivation. Die Fähigkeit und die Fertigkeiten zu sprachlicher Kommunikation, deren Entwicklung und Förderung in schulischen Kontexten unter erschwerten Bedingungen spezifischer Beeinträchtigungen, steht im Folgenden im Mittelpunkt.

Im Mittelpunkt sonderpädagogischer Bildungs-, Beratungs- und Unterstützungsangebote stehen daher das sprachliche Handeln des Kindes und dessen individuelle Lern- und Entwicklungsbedingungen. Bei schweren Beeinträchtigungen im rezeptiven und produktiven Sprachgebrauch können störungsspezifische Interventionen notwendig werden, um zunächst die basalen Grundlagen intentionalen, partnerorientierten und symbolischen Handelns zu schaffen. Die gültigen Empfehlungen der Kultusministerkonferenz für den Förderschwerpunkt Sprache sehen daher vor, „kommunikationsförderliche Erziehungs- und Unterrichtssituationen" herzustellen (Drave et al. 2000, 230), in denen die Schüler Interesse entwickeln, ihre sprachliche Handlungsfähigkeit zu erproben.

„Dabei können sprachtherapeutische Maßnahmen erforderlich werden, die Einsicht in erwartungsüblichen Sprachgebrauch vermitteln, die [...] Erprobung und Übung sprachlichen Handelns sichern" (Drave et al. 2000, 230).

Definition:

Sprache wird hier definiert als intentionales, partnerorientiertes, verbales und symbolisches Handeln (→ Abbildung 1).

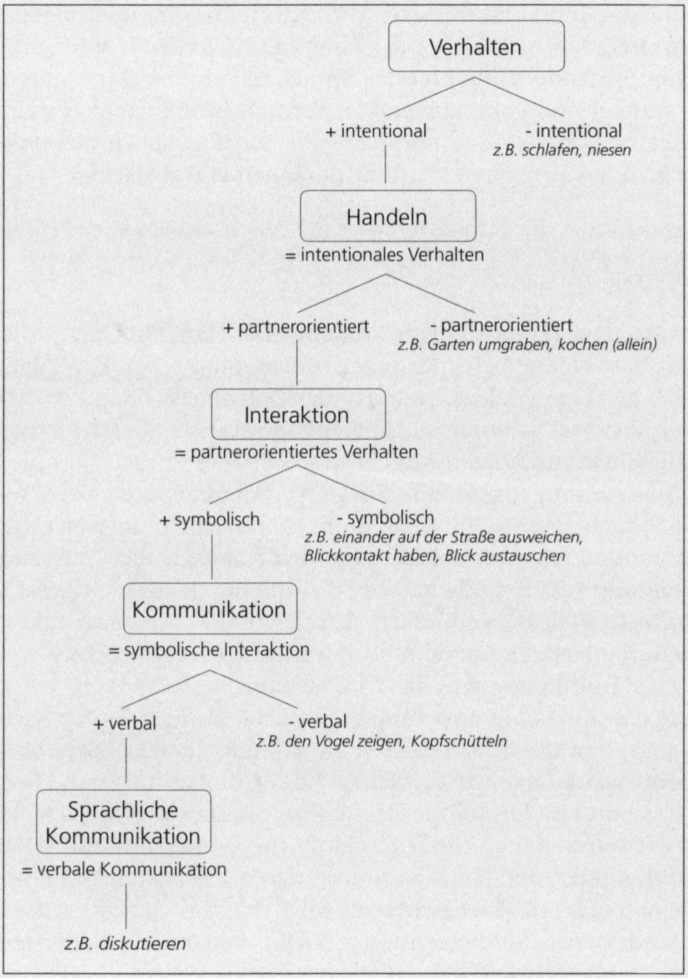

Abb. 1: Definition sprachlicher Kommunikation (Linke et al. 2004, 173)

sprachgenerierende und sprachbegleitende Prozesse

Die Entwicklung sprachgenerierender kognitiver und sprachbegleitender sozial-emotionaler Prozesse in diesen kommunikationsförderlichen Unterrichtssituationen sowie der spezifische Sprachgebrauch an sich kann direkt und indirekt pädagogisch unterstützt und gefördert werden. Eine solche sprachspezifische Unterstützung reicht von der Beratung der Bezugspersonen bis zur funktionellen Übung der Artikulation. Zwischen diesen problem-, individuum- und kontextorientierten Herangehensweisen bildete sich bisher das Handlungsfeld des Unterrichts als Hauptprofessionstätigkeit des Sprachheillehrers. Der Unterricht als zentrale Aufgabe des Sonderpädagogen unterschied sich zunächst weder bei den unterschiedlichen Förderschwerpunkten noch vom Auftrag anderer Lehrpersonen in Regelschulen.

Das Spezifische des Bildungsauftrages mit dem Förderschwerpunkt Sprache liegt im Fokus auf dem Sprachgebrauch der Schüler als Beobachtungs- und Reflexionsgegenstand.

Unterrichtsplanung

Die Analyse des auffälligen sprachlichen Handelns hat das Ziel, die didaktischen Anforderungen und methodischen Erfordernisse bei der Unterrichtsplanung einzuschätzen (Welling 2007, 955). Spezialisierte Schulen, die die organisatorischen Bedingungen dafür sowie zusätzliche Angebote schulischer Sprachtherapie bereithalten, sind sogenannte Sprachheilschulen. Dort, wo Schüler mit Sprachbeeinträchtigungen am Unterricht regulärer Grundschulen teilnehmen und die Verantwortung für die Unterrichtsgestaltung vorübergehend oder vollständig bei den Grundschullehrkräften liegt, verändert sich auch das Aufgabenfeld der Sonderpädagogen mit dem Förderschwerpunkt Sprache.

Inklusion

Das Bildungssystem in Deutschland steht derzeit vor der Aufgabe mit einer vorrangig inklusiv ausgerichteten Schulorganisation das Ziel Teilhabe an Bildung auch für Schüler mit Beeinträchtigungen zu erreichen. Die „Convention on the Rights of Persons with Disabilities (CRPD)", die 2008 in Kraft trat, stellt dabei keine neuen Spezialrechte für Menschen mit Beeinträchtigungen dar, sondern konkretisiert die bestehenden Menschenrechte. In Deutschland wird häufig der Begriff der Behindertenrechtskonvention (BRK) verwendet. *Die Behindertenrechtskonvention konkretisiert und erweitert die bestehenden Menschenrechte, es werden keine neuen Spezialrechte formuliert.* Sie zielt auf die Schaffung von Gleichbehandlung und Selbstbestimmung ab, statt auf fremdbestimmte Fürsorge durch die Gruppe von Menschen ohne Beeinträchtigungen. Das Ziel der sozialen Inklusion bezieht sich auf die gesamte Gesellschaft, das Ziel der schulischen Inklusion auf das gesamte Bildungssystem.

Gleichberechtigung und Kindeswohl

Als zentrales inhaltliches Ziel der BRK ist erstens die Gleichberechtigung hervorzuheben. Zweitens steht das Kindeswohl im Mittelpunkt: „Bei allen Maßnahmen, die Kinder mit Behinderungen betreffen, ist das Wohl des Kindes ein Gesichtspunkt, der vorrangig zu berücksichtigen ist" (Art. 7, Abs. 2).

Unterstützungsmaßnahmen

Das inklusive Bildungssystem soll zudem „[...] wirksame individuell angepasste Unterstützungsmaßnahmen in einem Umfeld [vorhalten], das die bestmögliche schulische und soziale Entwicklung gestattet", bei Erhaltung des Ziels „vollständiger [sozialer] Integration" (Art. 7, Abs. 2e). Aus diesen Artikeln lässt sich schlussfolgern, dass Bildung möglichst in einer Schule für alle organisiert sein soll bei umfänglicher (sonderpädagogischer) Unterstützung für beeinträchtigte Kinder.

exklusive Maßnahmen

Sonderpädagogische Bildungsangebote durch zusätzliche, vorübergehend exklusive (nicht exkludierende) Maßnahmen innerhalb der Schule für alle (z.B. Kleinklassen) oder Angebote an Beratungs- und Förderzentren sind möglich, wenn sie dem Wohl des Kindes dienen und die „vollständige (soziale) Integration" zum Ziel haben. Kindern mit Beeinträchtigungen und deren Eltern wird die Möglichkeit zur Wahl alternativer bzw. paralleler Angebote wie z.B. Förderschulen nicht verweigert, sofern sie als allgemeinbildende Schulen, die auch den Zugang in die Arbeitswelt ermöglichen, von den Schulsystemen der Länder angeboten werden. Exklusive sonderpädagogische Bildungsangebote bleiben nach den Empfehlungen der Kultusministerkonferenz (2011, 16) aber „zeitlich befristete" Maßnahmen. Gleichzeitig wird den Förderschulen die Möglichkeit offen gehalten „sich [...] für Kinder und Jugendliche ohne Behinderungen öffnen, um dort gemeinsames Lernen zu ermöglichen." Sprachheilschulen können sich weiterentwickeln zu einer allgemeinbildenden Grundschule mit einem profilierenden Programm zur sprachlichen Bildung, Unterstützung und Förderung aller Schüler (Glück/Mußmann 2009).

Perspektivenwechsel in der Sonderpädagogik

Mit dem inklusiven Schulsystem geht ein Perspektivenwechsel vom Individuum und seinen individuellen Einschränkungen hin zur behindernden physikalischen, institutionellen und personellen Umwelt einher. Für Schüler mit erschwerten Lern- und Entwicklungsbedingungen in der Sprache und Kommunikation soll Chancengleichheit erreicht werden. Kinder mit z.B. Spracherwerbsstörungen, Aussprachestörungen oder Kinder die stottern, können in ihrer schulischen Bildung spezifische Barrieren erfahren. Auch sie haben daher in Regelgrundschulen einen spezifischen pädagogischen Unterstützungsbedarf.

Im Folgenden soll deutlich gemacht werden, dass auch für diese Schüler in der inklusiven Schule die Adaption des Unterrichts im Mittelpunkt steht und dass diese Differenzierung der Lernangebote im Unterricht jedoch nur mit einem individualisierten Blick auf die sprachlichen und kommunikativen Möglichkeiten der Schüler möglich ist.

1.2 Das Problem inklusiver Pädagogik und exklusiver Sprachförderung

Diskussion um Inklusion

Viele Beiträge sonderpädagogischer Vertreter in der Diskussion um eine inklusive Umstrukturierung des Bildungssystems beschränken sich häufig auf schulstrukturelle und institutionelle Aspekte (Hinz 2009). In der Sprachheilpädagogik führt diese Orientierung zu Positionen und Diskursen, die sich Vorwürfen der institutionellen Bestandswahrungen und der disziplinären Strukturerhaltung ausgesetzt sehen (vgl. Motsch 2008). Lütje-Klose (1997, 17) stellte daher fest, dass sich die integrative Pädagogik „seit Mitte der 70er Jahre weitgehend ohne Beteiligung der Sprachbehindertenpädagogik [entwickelte]." Ein integrativer Anspruch in der Fachrichtung reduzierte sich auf die Integration von exklusiven Techniken in den allgemeinbildenden Unterricht (vgl. Braun 1991, 211). Zwar stellte Orthmann bereits 1969 die Nachrangigkeit des Förderorts heraus, reduzierte die Entwicklung integrativer Konzepte aber auf die therapiedidaktische Frage nach den „Verbindungsstrukturen" (Werner 1995, 111). Lütje-Klose (1997, 19) forderte daher Konzepte und individualisierte Methoden der Sprach- und Kommunikationsförderung, die „die Gemeinsamkeit aller in der Klasse – Kinder, LehrerIn und SprachpädagogIn – unterstützt statt sie zu stören."

Unterricht und Sprachtherapie

Das Verhältnis der Handlungskategorien des Unterrichts, der individualisierten Förderung und der rehabilitativen Sprachtherapie steht seit der Konstitution der Fachrichtung im Mittelpunkt der Diskussion um das Selbstverständnis der Sprachheilpädagogik (Werner 2001; Baumgartner 2006; Mußmann 2011).

cross-kategoriale Perspektiven

Dezidiert integrative und förderschwerpunktübergreifende bzw. sogenannte cross-kategoriale Perspektiven aus dem angloamerikanischen Bereich blieben aber in der Sprachheilpädagogik mit Ausnahme weniger Autoren (z.B. Romonath/Prüser 1995; Bindel 2007) weitgehend unberücksichtigt. Ansätze wie der *Life-Related* und der *Life Participation Approach* der angolamerikanischen *Speech and Language Pathology* griffen jedoch den Begriff der Inclusion für die Konzeptionierung einer *Communication Therapy* sehr früh auf (insbesondere Calculator/Jorgensen 1994; indirekt auch McLean/Snyder-McLean 1978; Nelson 1995; Duchan 2000). Sie konzeptionierten spezifische Methoden, die sich an den individuellen Entwicklungsbedingungen, Problemlagen und der subjektiv empfundenen Lebensqualität der Menschen mit Sprachbeeinträchtigungen orientierten. Solche Methoden sind mit Bezug auf die Internationale Klassifikation der Funktionsfähigkeit, Behinderung und Gesundheit (ICF) der *World Health Organisation* (WHO 2005), in Deutschland erst seit einigen Jahren zu finden (z.B. Rapp 2007, Neumann/Romonath 2008, Grötzbach/Iven 2009) und beschränken sich entweder auf den außerschulischen Bereich der Therapie oder blieben in der Domäne gerade mit Blick auf schulische Kontexte lange Zeit unbeachtet (vgl. Lüdtke/Bahr 2002).

sprachtherapeutischer Unterricht als integratives Konzept

Diese professionstheoretische Stagnation der Fachrichtung verwundert, da es in der Vergangenheit verschiedene empirische und theoretisch-konzeptionelle Versuche gab, substanzielle Beiträge zur Integrationsdiskussion der vergangenen Jahrzehnte zu leisten. Nicht zuletzt das Kernstück sprachheilpädagogischen Handlungswissens, das Konzept des „sprachtherapeutischen Unterrichts", wurde von Braun implizit als integratives Konzept definiert:

> „Grundsätzlich ist sprachtherapeutischer Unterricht nicht an die Schule für Sprachbehinderte gebunden, er kann auch in anderen sprachheilpädagogischen Organisationsformen praktiziert werden. Das Konzept ist institutions- bzw. lernortunabhängig" (Braun, 2004, 50).

Vereinbarkeit von Bildungsauftrag und Therapieanspruch

Das didaktische Dilemma, Bildungs- und Heilauftrag in einer Handlungskategorie und in einer Organisationsform des Bildungssystems zu vereinen, stellte die professionstheoretische Entwicklung der Sprachheilpädagogik vor eine ressourcenaufwendige Herausforderung. Statt das störungsspezifische Reflexions- und Handlungswissen zur Identifikation der relationalen Qualität von Sprachbehinderung zu nutzen, um angepasste Bildungsangebote zu entwickeln, wurden Interventionsformen zur Eliminierung und Kompensation dieser Sprachstörungen abgeleitet, deren immanenter Bildungsanspruch nur mittelbar zu erschließen ist.

integrierte Selektion

Reiser sieht in einem solchen Verständnis sonderpädagogischer Arbeit eine „Serviceleistung“, die „allzu oft in die ‚integrierte Selektion’ mündet, statt in die Unterstützung der regelpädagogischen Lehrkräfte bei der Einbeziehung der Kinder. [...] Unter dem Druck der selektiven Tendenzen des deutschen Bildungssystems“ fand eine „qualitative Deformierung“ des integrativen Anspruches statt:

> „Sonderpädagogen arbeiten z. B. in Grundschulen mit etikettierten Kindern in besonderen Gruppen, das heißt äußere Differenzierung als versteckte Selektion unter Firmierung Integration“ (Reiser 2003, 306).

„Ressourcen-Förderungs-Dilemma“

Damit entsteht eine „Exklusivität der Disziplin Sonderpädagogik, die [die] Inklusion der Personen, die sie als ihr Klientel betrachtet, [verhindert]“ (Reiser 2003, 311). In diesem Zusammenhang diagnostiziert Hinz (2004, 245) „eine paradoxale Tendenz: Mit immer mehr Integration nehmen die Special Education Needs – in Deutschland der sonderpädagogische Förderbedarf – immer weiter (...) zu.“ Dies wurde von Füssel/Kretschmann (1993) als das so genannte „Ressourcen-Förderungs-Dilemma“ beschrieben.

pauschale Ressourcenzuweisung im inklusiven System

Um dieses Dilemma zu lösen, sollen sonderpädagogische Ressourcen für einen inklusiven Unterricht nicht mehr nach individualisierter Feststellungsdiagnostik verteilt werden, sondern sie sollen pauschal der jeweiligen Schule, gebunden an die Anzahl schulpflichtiger Kinder, zugewiesen werden. Die administrative Leitung und Organisation der Regelschule und sonderpädagogischen Unterstützung sollen in einer verantwortlichen Hand liegen; in Abhängigkeit der Gesamtschülerzahl einer Regelschule unabhängig spezifisch ermittelter Unterstützungsbedarfe „werden basale Stellenvolumen für Sonderpädagogik vorgehalten, vor allem in den Bereichen Lernen, Verhalten und Sprache“ (Preuss-Lausitz 2008, 460).

Internationale Entwicklung?

Der Sonderpädagoge mit einem Förderschwerpunkt Sprache ist in diesem Modell Mitglied des Kollegiums der Regelgrundschule und nicht mehr primär unterrichtender „Sprachheillehrer“, sondern Berater und Kooperationspartner im Regelschulteam. „Damit findet eine Annäherung der Berufsrolle an die internationale Entwicklung statt“ (Grohnfeldt/Romonath

2005, 271). Diese Entwicklung wird mit dem Einwand der De-Professionalisierung kritisch diskutiert (Motsch 2008).

1.3 Grenzen der Inklusion im Bildungssystem

Inklusiver Unterricht, der Chancengleichheit für Schüler mit Beeinträchtigungen ermöglichen will, muss sich mit den Fähigkeitseinschränkungen durch die individuellen Beeinträchtigungen der Schüler auseinandersetzen, die zu Behinderungen an der Teilhabe im Unterricht führen können. Diese diagnostische Auseinandersetzung mit den Dimensionen einer Behinderung, also den möglichen körperstrukturellen und -funktionellen Schädigungen, den personenbezogenen Aktivitätsbeschränkungen und Teilhabeeinschränkungen, zeigt dann die Grenzen des inklusiven Unterrichts im Bildungssystem auf.

ICF

Als Grundlage für die Beschreibung dieser Dimensionen dient die „Internationale Klassifikation der Funktionsfähigkeit, Behinderung und Gesundheit (ICF)“ der Weltgesundheitsorganisation (WHO). Sie soll eine länder- und disziplinübergreifende, einheitliche Sprache zur Beschreibung des funktionalen Gesundheitszustandes, der sozialen Dimension der Behinderung, der individuellen Beeinträchtigungen und der behindernden Umgebungsfaktoren einer Person gewährleisten. Auch in der Sprachheilpädagogik wurde die ICF zur Beschreibung der Wechselwirkung von individuellen Funktionseinschränkungen und behinderten Entwicklungsbedingungen herangezogen (Lüdtke/Bahr 2002). Mit diesem Klassifikationssystem wird deutlich, welche pädagogisch relevanten Variablen in der Unterrichtsgestaltung berücksichtigt werden können und welche nicht (→ Abbildung 2).

ICF und Sprachbehinderung

Das Klassifikationssystem beschreibt fünf unterschiedliche Komponenten, die die Dimensionen einer Behinderung darstellen. So können einer Sprachbehinderung geschädigte Körperstrukturen (Anatomie der Sprechwerkzeuge oder Hirnschädigungen) oder körperliche Dysfunktionen (Sprechmuskulatur) zugrunde liegen. Aufgrund solcher organischen Bedingungen, aber ebenso durch nicht-organische, entwicklungshemmende Faktoren der Umwelt (Vernachlässigung, Lernmodelle) können die individuellen Möglichkeiten zur sprachlichen Aktivität (z.B. Sprechweise, Wortschatz, Gesprächsfähigkeit) eingeschränkt sein. Dies kann

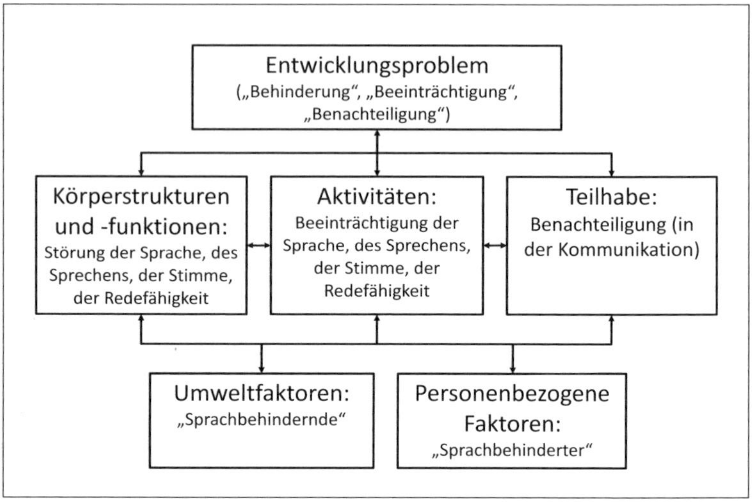

Abb. 2: Dimensionen einer Sprachbehinderung

Beschränkungen in der Teilhabe in einzelnen Lebensbereichen, Alltags- oder Unterrichtssituationen mit sich führen.

Sprachbehinderung und Benachteiligung

Ob diese Benachteiligung in der Teilhabe an einzelnen Kommunikationssituationen zu einer Behinderung des Kindes führt, hängt maßgeblich von den Umweltfaktoren ab, also den Erwartungen und Anforderungen der Kommunikationspartner, aber auch von den gesellschaftlichen Normen vom Sprachgebrauch und der -beherrschung sowie der Einstellung der betroffenen Person zu sich selbst und zu seiner Einschränkung.

relationale Qualität der Sprachbehinderung

Es zeigen sich die relationale Qualität einer Sprachbehinderung (→ Abbildung 3) und die Möglichkeiten der Ansatzpunkte sonderpädagogischer Unterstützungsangebote. Die „Sprachbehinderung" ist eine Kommunikationsbehinderung und ergibt sich aus dem individuellen „Können", dem „Lassen" der Kommunikationspartner und ihren Erwartungen und Anforderungen sowie dem „Wollen" des Schülers mit Sprachbeeinträchtigungen und seinen Erwartungen an sich und seinem Vertrauen in sich selbst. An allen drei Punkten kann sonderpädagogische Unterstützung ansetzen:

- **durch Förderung,** um zum „Wollen" zu motivieren,
- **durch Beratung,** um andere zum „Lassen" zu motivieren und

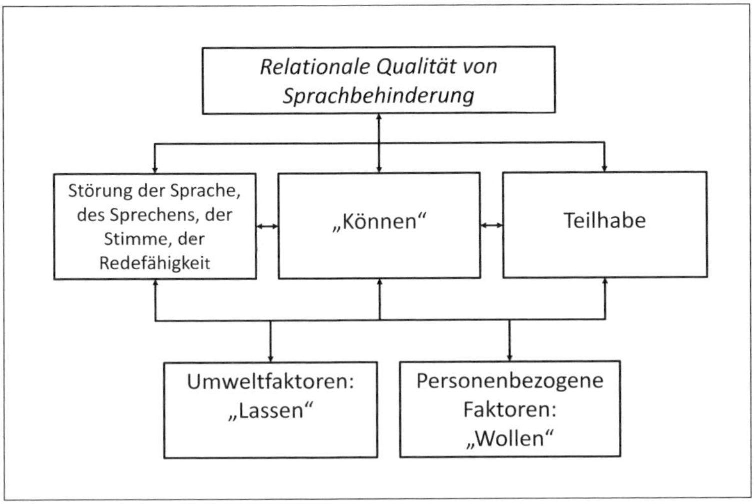

Abb. 3: Relationale Qualität einer Sprachbehinderung

- **durch sprachtherapeutische Interventionen,** um zum „Können" zu verhelfen.

Es hängt von den didaktischen Konzepten der Schulen und den methodisch geschaffenen Freiräumen ab, ob und in welchem Umfang im Unterrichtverlauf einer inklusiven Schule personenbezogene und kontextbezogenen Interventionen möglich sind. Beziehen sich sonderpädagogische Bildungsangebote jedoch ausschließlich auf die Adaption der Lernangebote und Entwicklungsbedingungen, können Grenzen inklusiven Unterrichts auch für Schüler mit spezifischen Sprachbeeinträchtigungen erreicht werden.

„mittendrin" reicht nicht aus

Denn inklusiver Unterricht für heterogene Lerngruppen ermöglicht Teilhabe am Unterricht in heterogenen Lerngruppen, mehr nicht. *Das „Mittendrin" kann aber nicht die Maxime eines inklusiven Unterrichts sein.* Bei der Frage, wie sich Unterricht hinsichtlich seiner Zieldifferenzierung und Anforderungen an die individuellen Bedürfnisse und Fähigkeiten der Schüler mit Beeinträchtigungen anpassen muss, muss geklärt werden, welche Lernbedingungen überhaupt zu Barrieren und damit zur Behinderung des Schülers mit individuellen Beeinträchtigungen führen können.

Analyse Kind – Umfeld

Sonderpädagogische Diagnostik hat Umwelt, Kind und Problem gleichermaßen im Auge. Sie soll die relationale Qualität der Sprachbehinderung klären, also wie sich durch nicht erfüllte Erwartungen und Anforderungen der personellen Umwelt an sprachliches Handeln die Behinderungen an der Teilhabe ergeben. Sonderpädagogische Unterstützungsangebote fokussieren auf dieser Grundlage durch Beratung und Unterrichtsdidaktik diese Umweltfaktoren als hemmende Entwicklungsbedingungen und, sofern methodisch und didaktisch möglich und inhaltlich sinnvoll, mit spezifischen Interventionen und Hilfen die eingeschränkten sprachlichen Fähigkeiten des Schülers. Inklusiver Unterricht und die inklusive Schule stoßen hier an ihre Grenzen, wenn der Anspruch erhoben wird, dass eben diese personenbezogenen Interventionstechniken langfristige sprachrehabilitative Funktion haben sollen. Unterricht, der barrierefreie Bildungsangebote für alle Schüler bereithalten soll, muss im Bedarfsfall exklusive Individualangebote reservieren, wenn adaptiver Unterricht dem individuellen Bedarf eines Schülers mit Sprachbeeinträchtigungen nicht mehr gerecht wird und integrierte oder ggf. additive sprachtherapeutische Hilfen notwendig werden. Es ist fragwürdig, wenn beispielsweise massive grammatische und Ausspracheströrungen, die zur Behinderung der Unterrichtskommunikation führen und keine Verständigung ermöglichen, „als Teil der Vielfalt menschlichen Lebens“ (Bundesministerium für Arbeit und Soziales 2009) wahrgenommen werden sollen.

Bagatellisierung

Oftmals werden Sprachauffälligkeiten bagatellisiert („Das wächst sich raus!“). Menschen mit nicht deutlich sichtbaren Beeinträchtigungen wird eine „projektive Empathie“ (Benecken 2004, 624) entgegengebracht und der Auffälligkeit wird eine einfache Selbst- und Fremdbewältigung unterstellt, die keiner professionellen Unterstützung bedarf (Bleidick/Hagemeister 1998; Vernooij 2000). Nicht zuletzt können Schüler mit Verhaltens- und Sprachauffälligkeiten Spott oder Abneigung erzeugen, wie z.B. Untersuchungen von Huber (2009) zeigen.

soziale Integration

Es ist naheliegend, welche Anforderung an Lehrkräfte einer inklusiven Schule hinsichtlich Klassenklima, Akzeptanz und Wertschätzung gestellt werden, wenn z.B. sprachauffällige Drittklässler auf Äußerungen eines stotternden Mitschülers wie z.B. „Po-po-polizei“, „Pi-pi-pistole“ oder „A-a-aber“ reagieren (Benecken/Spindler 2004). Eine Untersuchung zur psychosozialen Situation stotternder Schulkinder in Allgemeinschulen von

Benecken/Spindler (2004) zeigt diese Schwierigkeiten der sozialen Integration in Schulklassen auf. Zwar ist die Häufigkeit stotternder Schulkinder mit ca. 4% relativ gering, dennoch sind die Befunde zu berücksichtigen. Mit einer Fragebogenerhebung zu subjektiv als *Mobbing* empfundenen schulischen Erlebnissen (n=100, Kontrollgruppe n=100) kamen die Autoren zu dem Ergebnis, dass nach Angaben der Befragten 75% in ihrer Schulzeit gemobbt worden sind. Am häufigsten wurde diese Erfahrung im Alter zwischen 11 bis 13 Jahren gemacht. Etwas mehr als 10% gaben an, auch im Grundschulalter solche negativen Erfahrungen gemacht zu haben.

Akzeptanz und Toleranz durch Beratung

Diese Beispiele und Befunde zeigen auf, welche übergeordneten und langfristigen Ziele in der Beratung und Kooperation mit Regelschullehrkräften, die inklusiven Unterricht gestalten, durch Sonderpädagogen erreicht werden müssen, um sprachliche und kommunikative Barrieren und behindernde Bedingungen im Unterricht zu vermeiden.

Die Veränderung der Erwartungshaltung der Lehrkräfte und die Schaffung von Akzeptanz und Toleranz sprachlicher und sprecherischer Vielfalt in der Lerngruppe sind Ziele der Beratung in der Kooperation von Regelschullehrkräften und Sonderpädagogen. Sie können Lernbedingungen für sprachbeeinträchtigte Schüler darstellen, unter denen eine sprachtherapeutische Intervention in der Schule nachrangig wird.

Toleranz ändert nicht die Beeinträchtigung

Ein geeignetes Klassenklima kann ein Kind mit kaum verständlicher Lautsprache zur Äußerung ermutigen, ändert aber nichts an der konkreten Einschränkung seiner sprachlichen Handlungsfähigkeit. *Ist die sprachliche Handlungsfähigkeit in einem Ausmaß beeinträchtigt, dass die Teilhabe an einzelnen Unterrichts- und Kommunikationssituationen nicht mehr möglich ist, sind exklusive (nicht exkludierende) individualisierte Maßnahmen der Unterstützung notwendig. Dann gerät der inklusive Unterricht personell, konzeptionell und didaktisch an seine Grenzen.*

2 Sprache als Medium des schulischen Lernens und sozialen Handelns

Sprache ist nicht Kommunikation

In Kapitel 1.1 wurde erläutert, dass die Sprache das symbolische und formal-strukturelle Mittel ist für die absichtsvolle, partnerorientierte Interaktion. Sprache ist damit auch das Medium individueller Lernprozesse, die in der Unterrichtskommunikation initiiert, gelenkt und reflektiert werden. Sprache und Kommunikation sind aber zwei unterschiedliche Aspekte ein und desselben Phänomens. Die mangelnde Unterscheidung in der schulischen Praxis führt daher oftmals zu ungenauen oder falschen Einschätzungen der verbalen Fähigkeiten und Fertigkeiten der Schüler mit spezifischen Entwicklungsstörungen.

Wenn Kinder erfolgreich kommunizieren, also Wünsche und Gedanken ausdrücken und gemeinsames Handeln planen und beschreiben können, ist diese Leistung noch nicht gleichbedeutend mit formal-sprachlichen Fähigkeiten und Fertigkeiten (Kany/Schöler 2010, 14).

Einige Schüler haben Schwierigkeiten bei der Produktion und Unterscheidung einzelner Laute, mit der regelgerechten Wortstellung oder -form im Satz, mit dem Redetempo oder der Stimme (→ Kapitel 2.2), und können deshalb spezifische Hilfen im Unterricht beanspruchen. Angepasste Lernangebote müssen die Schüler, ggf. mit individueller Unterstützung, herausfordern und neue, sprachliche Lernprozesse in Gang setzen.

Kompensations- und Vermeidungsstrategien

Oftmals haben diese Schüler gelernt, ihre sprachspezifischen Probleme durch nonverbale Ausdruckweisen und Strategien zu kompensieren oder sprachliche Anforderungssituationen zu vermeiden. Die notwendige Unterscheidung zwischen den sprachspezifischen Leistungen und den nonverbalen, kommunikativen Fertigkeiten, die trotzdem erfolgreich umgesetzt werden können, wird „häufig nicht ausreichend gewürdigt, das erfolgreich kommunizierende Kind wird als sprachunauffällig [...] betrachtet" (Kany/Schöler 2010, 15). Ein grundlegendes Wissen über den Aufbau der Sprachstrukturen (→ Kapitel 1.1), die Bedingungen des Erwerbs (→ Kapitel 2.1) und die Phänomene möglicher Sprachstörungen (→ Kapitel 2.4) ist daher bei allen beteiligten pädagogischen Fachkräften notwendig oder sollte in kollegialen Beratungssituation durch den Sonderpädagogen mit dem Förderschwerpunkt Sprache vorbereitet werden.

2.1 Bedingungen des Erstspracherwerbs

Für die Entwicklung der Fähigkeiten und den Erwerb der Fertigkeiten zum sprachlichen Handeln sind organische (Hörfähigkeit und Sprechapparat), neurologische, psychische und soziale Bedingungen gleichermaßen notwendig. Basale, kognitive Entwicklungsschritte bilden einen Teil der Voraussetzungen. Es sind Bewusstsein von der Welt, über die gesprochen wird, Wissen von der Perspektive des Anderen (vgl. Astington 2006), aber auch ein inneres Motiv notwendig, um mit einem und für einen anderen Sprache zu benutzen. Ebenso sind soziale Bedingungen erforderlich, nämlich ein gemeinsamer Gegenstand oder ein Thema sowie ein gemeinsames Medium der Kommunikation, also ein verbindliches und einheitliches Zeichensystem (z.B. Deutsch, Gebärden-

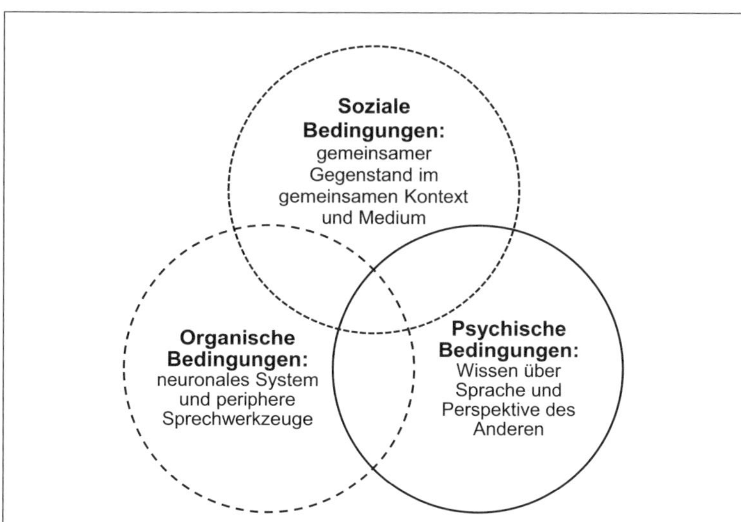

Abb. 4: Bedingungen und Voraussetzungen des Sprachlernprozesses

sprache etc.), das trotz aller Varietäten, Dialekte und Soziolekte benutzt werden kann (→ Abbildung 4; Kapitel 1.1).

Feld der HNO-Kunde, Phoniatrie und Logopädie

Das Feld der anatomischen und organischen Bedingungen des Spracherwerbs, des Sprachgebrauches und der Lautbildung im Speziellen ist sehr detailliert und wird in den medizinischen Fächern der Hals-Nasen-Ohren-(HNO)-Kunde, Phoniatrie und Logopädie vertieft. In der Praxis sind es oft Logopäden und Sprachtherapeuten, die mithilfe störungsspezifischer Techniken und funktioneller Methoden Muskelfunktionen der Sprechwerkzeuge anbahnen, z.B. nach der operativen Schließung von Lippen-Kiefer-Gaumen-Spalten, oder sprachliche Fähigkeiten und Sprechfertigkeiten wiederherstellen, die nach Gehirnverletzungen auftreten können.

sprachheilpädagogische Beratung in der Grundschule

Organische Bedingungen und Muskelfunktion im Mundbereich (orofaziales System) bestimmen die artikulatorischen Fähigkeiten des Kindes im Spracherwerb. Auffälligkeiten müssen von Sprachheilpädagogen oder Logopäden abgeklärt werden. Im inklusiven Unterricht sollen sie Grundschullehrkräfte über diese Aspekte informieren, um sprachliche und kommunikative Anforderungen entsprechend anzupassen.

Das Online-Material 1 liefert einen Überblick über die neurologischen und anatomischen Bedingungen, die für die Entwicklung der Fähigkeiten und den Erwerb der Fertigkeiten zu sprachlichem Handeln notwendig sind.

Pétursson, M., Neppert, J.M.H. (2002): Elementarbuch der Phonetik. 3., durchges. u. bearb. Aufl. Buske, Hamburg

Deckert, P.M. (2007): Anatomie der Sprache, Stimme und Atmung: Ein Arbeitsbuch für Studierende der Logopädie, Sprachheilpädagogik und Stimm- und Atemtherapie. 4., überarb. u. erw. Aufl. Lehmanns Media, Berlin

Hartje, W., Poeck, K. (Hrsg.) (2006): Klinische Neuropsychologie. 6. Aufl. Thieme, Stuttgart

Wendler, J. (2005): Lehrbuch der Phoniatrie und Pädaudiologie. 4., vollst. überarb. Aufl. Thieme, Stuttgart

Unterricht als sprachliche Entwicklungsförderung

Der inklusive Unterricht kann aber auch planvoll und zielgerichtet unmittelbar soziale Bedingungen und kognitive Anforderungen schaffen, die die weitere sprachlich-kommunikative Entwicklung der Schüler fördert und Kinder mit sprachlichen Entwicklungsbeeinträchtigungen direkt und indirekt unterstützt. Dazu sind Kenntnisse über die entwicklungsförderlichen Bedingungen der Lernprozesse der Erst- und Zweitsprache notwendig.

Bei der Klärung der Frage, wie das Kind zur Sprache kommt, werden häufig unterschiedliche Begriffe benutzt, um diesen Vorgang zu umschreiben. Die Begriffe ‚Sprachentwicklung', ‚Sprachlernprozesse' oder ‚Spracherwerb' werden mal gleichgesetzt, mal werden damit unterschiedliche theoretische Ansätze verbunden, die das Verhältnis von biologisch-genetischer Ausstattung und sozialer Umwelt und Erfahrung unterschiedlich gewichten.

Definition:

Mit dem Begriff der **Sprachentwicklung** wird die Auffassung verbunden, dass sich die sprachlichen Fähigkeiten und Fertigkeiten ähnlich wie das Nervensystem auf der Grundlage eines vorbestimmenden genetischen Programms entfalten.

Der Begriff des **Spracherwerbs** dagegen betont die Rolle der sozialen und sprachlichen Umwelt, in der das Kind durch das dargebotene Sprachangebot Erfahrungen macht und in der aktiven Auseinandersetzung mit sprachlichen und kommunikativen Anforderungen die Fertigkeit erwirbt, die Muttersprache zu sprechen.

Die Bezeichnung **Sprachlernprozess** verdeutlicht, dass dieser Vorgang anderen zu lernenden Fertigkeiten gleicht. „Das Kind eignet sich die Sprache wie andere, beispielsweise soziokulturelle Fähigkeiten und Fertigkeiten an" (Kany/ Schöler 2010, 16).

Die Positionen, die den sprachlichen Entwicklungsprozess als Entfaltung grundsätzlich angeborener Fähigkeiten und Fertigkeiten auffassen, werden in der Literatur häufig als nativistische Ansätze zusammengefasst. Diese *Inside-out-Theorie* basiert auf dem Argument der sogenannten Inputarmut *(Poverty of the Stimulus-Argument, POSA)*, das davon ausgeht, dass die sprachlichen Informationen, die einem Kleinkind zugänglich sind, nicht ausreichen, um die relativ schnelle Entwicklung sprachlicher, insbesondere grammatischer Fähigkeiten zu erklären (Chomsky 1999, 33–54).

Spracherwerbsmechanismus

Der wohl bekannteste Vertreter dieser Auffassung ist der Linguist Noam Chomsky (2002), der auf dieser Grundlage das Modell des *Language Acquistion Device (LAD)* entwickelte, das ein erblich bedingtes Vorwissen sprachlicher Universalien (Universalgrammatik, UG) voraussetzt.

*Bei den nativistischen Positionen kommt dem Input die Rolle des Auslösers **(Trigger)** zu, der die biologisch vorbestimmte Entwicklung grammatischer Fähigkeiten von innen nach außen zur Entfaltung bringt.*

Outside-in-Theorie

Dem gegenüber betonen interaktionale und auch einige kognitionsorientierte Ansätze als *Outside-in-Theorien* die Bedeutung der sozialen Lern- und Entwicklungsbedingungen für den Spracherwerbsprozess sowie die unmittelbare Anbindung an die individuelle kognitive Entwicklung des Kindes.

Aus kognitiver Sicht wird der Sprachlernprozess in enger Wechselwirkung mit der Denkentwicklung betrachtet.

Piaget geht davon aus, dass

> „[...] das Denken dem Sprechen vorausgeht und daß dieses sich darauf beschränkt, es tiefgreifend umzugestalten, indem es ihm hilft, seine Gleichgewichtsformen durch bessere Schematisierung und mobilere Abstraktion zu erreichen" (Piaget 1982, 173).

Interaktion

Während die kognitive Perspektive bei der Herausbildung innerer, geistiger Prozesse als Voraussetzung für das Sprachlernen primär die Erfahrung mit der sozialen und gegenständlichen Umwelt des Kindes betont, spielen bei der *interaktionalen* Sichtweise – insbesondere nach Bruner (2002) – die nächsten *Bezugspersonen* des Kindes eine entscheidende Rolle. Indem sie sich sprachlich dem kindlichen Entwicklungsstand anpassen, aber dennoch immer auf einem höheren und damit für das Kind herausfordernden Niveau bewegen, wird das Kind angeregt, sich auf den nächsten Entwicklungsschritt hin zu bewegen. Ausgangspunkte des interaktionistischen Erklärungsmodells des Spracherwerbs sind soziale, kognitive und motivationale Fähigkeiten, die dem Spracherwerb vorauslaufen (Grimm 2000). Sie führen das Kleinkind zu globalen, absichtsvollen und verbalen Äußerungen, auf die die Bezugspersonen reagieren und die dann „im interaktiven Zusammenspiel ausdifferenziert und integriert werden" (Klann-Delius 2008, 137).

Das elterliche Rückmeldeverhalten wird meist dem sprachlichen Entwicklungsniveau des Kindes angepasst durch eine intuitive Reaktionsbereitschaft der Eltern (Papoušek/Papoušek 1989; Klann-Delius 2008, 142ff.).

Formate elterlichen Rückmeldeverhaltens

Elterliches Rückmeldeverhalten zeigt sich im Blickverhalten, einer ausgeprägten, responsiven Mimik und einer besonderen Bereitschaft für die vokalen Signale des Säuglings. Die von Bruner (2002) durchgeführten Untersuchungen zur Eltern-Kind-Kommunikation zeigen, dass die Bezugspersonen ein kommunikatives Unterstützungssystem aufbauen *(Language Acquisition Support System, LASS)*, indem bestimmte elterliche Äußerungen in regelmäßigen Interaktionsmustern bzw. „Formaten" wiederkehren (Bruner 2002; Schank/Abselson 1977; z.B. Kuscheln, Essen, Spielen), die eine bestimmte soziale Regulationsfunktion haben (z.B. Trösten, Erklären, Beschreiben; Papoušek/Papoušek 1989).

Sprache imitieren, erproben und erweitern

Durch diese Regelmäßigkeit und emotionale Bedeutung werden nach und nach einzelne sprachliche Strukturen (Wörter, Wortveränderungen, Satzaufbau) erkannt, imitiert, erprobt und schließlich zielgerichtet und absichtsvoll verwendet und weiterentwickelt. Dabei geben die Eltern bestärkende, erweiterte und korrigierte Rückmeldungen, die an den jeweiligen Entwicklungsstand des Kindes angepasst werden.

‚inszenierter Spracherwerb'

Das Phänomen des angepassten elterlichen, sprachlich erweiternden oder korrigierenden Rückmeldeverhaltens wird als Ausgangspunkt für spezifische Interventionsstrategien in der Sprachförderung und Sprachtherapie als ‚inszenierter Spracherwerb' herangezogen.

epigenetischer Ansatz

Diese verschiedenen Ansätze, die den Sprachlernprozess aus unterschiedlichen Perspektiven erklären, stehen sich mittlerweile nicht mehr gegenüber. In einem sogenannten epigenetischen Ansatz werden diese theoretischen Bereiche zusammengefasst und dienen jeweils zur Erklärung der Entwicklung und des Erwerbs der verschiedenen Ebenen der Sprachstrukturen und -funktionen.

Die äußeren Bedingungen und inneren Voraussetzungen sind sowohl allgemein entwicklungsbezogen als auch formal-sprachspezifisch für den Sprachlernprozess wirksam.

soziale Routinen

Die allgemein entwicklungsförderlichen sozialen Routinen (Formate) unterstützen die sprachlichen Vorläuferfähigkeiten zum Erkennen der absichtsvollen, sprachlichen Äußerungen an sich und die darin enthaltenen symbolischen Zeichen sowie die Fähigkeit zur eigenen, absichtsvollen Verwendung einzelner Laute und später erster Wörter. Diese Formate spielen in der Schule bei der Begründung bestimmter sprach- und kommunikationsförderlicher Arbeits- und Sozialformen im Unterricht eine wichtige Rolle (vgl. Constable 1986). Die kindlichen *Fähigkeiten zum Erkennen von Sprache* und verbalen Symbolisierungen in diesen sozialen Routinen sind gattungsspezifisch und angeboren.

Die angeborene Sprachfähigkeit ist die Grundlage für die Entwicklung der ***soziokulturellen Fertigkeiten des sprachlichen Handelns,*** *aber auch der Schriftsprache und mathematischer und anderer kognitiv-intellektueller Kompetenzen (Tomasello 2008).*

Der Ausgangspunkt der sprachlichen Lernprozesse ist daher nach Tomasello (2008) weder ausschließlich in einer angeborenen Fähigkeit noch in der Imitation von Umwelt zu suchen, sondern er gründet sich auf der spezifischen Fähigkeit des Menschen, den Anderen als absichtsvoll und symbolisch handelndes Gegenüber zu erkennen bzw. sich eine geistige Vorstellung vom Anderen machen zu können. Die sprach- und kommunikationsfördernden Voraussetzungen und Bedingungen lassen sich wie folgt zusammenführen:

- Die angeborenen Spracherwerbsmechanismen (Language Acquisition Device, LAD),
- die sprachförderlichen Verhaltensweisen und
- die intuitiven sprachlichen Rückmeldestrategien
- in den wiederkehrenden, sozialen Interaktionen (Language Acquisition Support System, LASS) sowie
- die allgemeine kognitive Entwicklung

sind gleichermaßen wichtige Motoren der Sprachlernprozesse.

Bruner, J.S. (2002): Wie das Kind sprechen lernt. 2., erg. Aufl. Huber, Bern
Grimm, H. (Hg.) (2000): Sprachentwicklung. Hogrefe, Göttingen
Klann-Delius, G. (2008): Spracherwerb. 2., aktual. u. erw. Aufl. Metzler, Stuttgart
Szagun, G. (2010): Sprachentwicklung beim Kind. 3., vollst. überarb. Aufl. Beltz, Weinheim

epigenetische Perspektive

Die unspezifischen sozialen und spezifischen sprachlichen Umweltbedingungen können den Erwerb einzelner Bereiche sprachlicher Fertigkeiten fördern oder hemmen. Während die Begriffsentwicklung mehr an die kognitive Entwicklung der Fähigkeit zum Symbolisieren, Klassifizieren und zum räumlichen und zeitlichen Ordnen gebunden ist, hängen die kommunikativ-pragmatischen Fähigkeiten mehr mit den sozialen und emotionalen Entwicklungsbedingungen zusammen, also der Fähigkeit, sich kognitiv und emotional auf andere einstellen zu können. Dagegen folgt die Entwicklung der Grammatik scheinbar einem sprachspezifischen, möglicherweise angeborenen Programm. Aus dieser epigenetischen Perspektive sind sprachliche Entwicklungsprozesse das „Ergebnis des Zusammenwirkens von Elementen, die zueinander in rekursiver, ko-produktiver Beziehung stehen" (Klann-Delius 2008, 147).

Emergenz der Sprache

Dieser Selbstproduktionsprozess wird auch mit dem Begriff der Emergenz beschrieben. Aufgrund der Eigendynamik des Zusammenspiels der sprachlichen Reaktionen der Bezugspersonen und der sich anpassenden Fertigkeiten des Kindes „können neue Fähigkeiten entstehen, die nicht auf den Einfluss eines inneren oder äußeren Parameters allein zurückgeführt werden können" (Kauschke 2007, 13; vgl. Fogel/Thelen 1987, 752). Keiner der Sprechenden kann die Interpretation und Wirkung seiner Aussagen auf den anderen selbst bestimmen. Die Kommunikation erfolgt in einem zirkulären bzw. rekursiv-interaktionalen Prozess, den „keiner der Beteiligten selbstständig hätte erzeugen können" (Auwärter 1983, 82).

Aktualgenese der Sprache

Was als sprachliche Leistung des Kindes wahrgenommen wird und was sich dem Kind als sprachliches Lernangebot darbietet, ist eine Ko-Produktion der Kommunikationspartner in ihrer individuellen Situation. Sprache wird zu einer aktualgenetischen Erscheinung (Bindel 2007, 2). Sie ist kein fertiges System phonetischer und grammatischer Formen, die sich von innen heraus entwickeln (Inside-out-Theorien) oder von außen aufgenommen werden (Outside-in-Theorien), „sondern die stilistische Individualisierung, Konkretisierung und Modifikation der Sprache in einer konkreten Aussage" (Friedrich 1993, 151; vgl. Duchan/Lund 1993, 23).

Die Situation bestimmt mit der Rolle der Akteure (Subjekt), der Aktivitäten (Prädikat) und deren Gegenständen (Objekt) die Grammatik der Sprache zur Situation. Die Grammatik der Sprache wiederum bestimmt das Denken zur Situation und umgekehrt (Hattnher/Hengeveld 2007, 7).

Sprachliches Handeln wird daher durch die grammatischen Regeln gelenkt. Gleichzeitig führen neuartig erlebte und kognitiv herausfordernde, soziale Situationen zu einer Erweiterung und Differenzierung des Zugriffs auf grammatische Fähigkeiten, um die Gedanken zur Situation „auf die Reihe zu bringen".

Sprachlernprozesse aus Diskrepanzerfahrung

Dann entstehen sprachliche „Lernprozesse [...] aus Diskrepanzerfahrungen zwischen Intentionalität und Kompetenz. Man kann nicht so, wie man will" (Faulstich/Grell 2005, 24). Wenn eine solche „Sprech- und Formulierungskrise" eintritt, „wird Sprache bewusstseinspflichtig" und eine fachpädagogische Intervention lernwirksam (Homburg 1983, 119).

2.2 Bedingungen des Zweitspracherwerbs

Erwerb zweier Sprachen bis zum dritten Lebensjahr

Für den simultanen Lernprozess mehrerer Sprachen sind bis ungefähr zum dritten Lebensjahr diesselben inneren und äußeren Entwicklungsbedingungen relevant wie bei einer Sprache. Er erfolgt nach den gleichen Mustern wie der monolinguale Erstspracherwerb und ist ungesteuert. Von hoher Bedeutung ist die gemeinsam geteilte Situation (*Common Ground,* → Kapitel 2.1) und der emotionale Bezug zum Gesprächspartner und zum Kommunikationsthema (Bickes 2009, 93f.). Dabei ist es zunächst irrelevant, dass der sprachliche Input aus zwei unterschiedlichen Sprachsystemen stammt.

balancierte Zweisprachigkeit

Beim simultanen Erstspracherwerb werden zwei Sprachen gleichzeitig und gleichrangig von Geburt an gelernt. Es kann daher nicht differenziert werden, welche der beiden Sprachen Erst- und welche Zweitsprache ist. Im Regelfall ist das Erlernen der beiden Sprachen an jeweils eine Person gekoppelt. Dieses Erziehungsprinzip „Eine Person – eine Sprache" geht auf den französischen Forscher Ronjat (1913) zurück und wird oft als optimale Bedingung für den doppelten Erstspracherwerb angesehen.

Definition:

Als **Erstsprache** wird die Sprache bezeichnet, die ein Kind in den ersten Lebensjahren natürlich erlernt und durch die es kognitiv, emotional und kulturell geprägt wird. Diese Erstsprache wird auch Muttersprache genannt.

Der **primäre Erstspracherwerb** bezeichnet den Spracherwerb von Geburt an. Unter dem **doppelten Erstspracherwerb** wird der gleichzeitige Erwerb von zwei Erstsprachen verstanden. Der simultane Erwerb zweiter Sprachen wird auch als bilingualer Erstspracherwerb bezeichnet.

Alle Sprachen, die nach dem dritten Lebensjahr erworben werden, werden als **Zweitsprachen** bezeichnet. Der in Institutionen (Schule, Kurse) gesteuerte Zweitspracherwerb wird als Fremdspracherwerb bezeichnet (Bickes/Pauli 2009; Günther/Günther 2007). **Mehrsprachigkeit** ist der Obergriff, „unter dem sich viele unterschiedliche Fähigkeiten in mindestens zwei Sprachen zusammenfinden" (Küpelikilinç/Ringler 2007, 29).

Die Annahme, dass dieses Prinzip zu einem synchronen Erwerbsverlauf führt *(Balanced Bilingualism)*, wird mittlerweile kritisch diskutiert. Zum einen geht aus den Untersuchungen zum doppelten Erstspracherwerb auch hervor, dass der Lernprozess oft in Familien mit bildungsorientierten und stabilen sozio-ökonomischen Bedingungen ohne wesentliche Entwicklungsrisiken stattfand und deshalb nicht klar ist, wie unmittelbar diese positive Entwicklung auf das Erziehungsmilieu zurückzuführen ist (Mertens 1996, 10). Zum anderen spielen die Umgebungssprache und die Identifikation der Eltern mit dieser Umgebungssprache und dem kulturellen Umfeld eine wichtige Rolle. Durch den selteneren Gebrauch der

Sprache des einen Elternteils und durch den Besuch einsprachiger pädagogischer Einrichtungen (Tagesmutter, Kindergarten) kann die Sprache des anderen Elternteils, die auch gleichzeitig die Umgebungssprache ist, eine dominante Rolle erhalten. Es kann dann zu unterschiedlichen Entwicklungen in den Fertigkeiten und Modalitäten (Sprechen, Verstehen, Schreiben, Lesen) der beiden Sprachen kommen *(Dominant Bilingualism)*.

starke und schwache Sprache

Kielhöfer/Jonekeit (1983, 11f.) konstatieren daher, dass es nur selten vorkommt, „daß beide Sprachen in allen Bereichen gleich stark ausgeprägt sind. Fast immer existiert ein Ungleichgewicht zwischen den Sprachen: Eine dominiert die andere." Die dominierende Sprache wird als *starke Sprache* bezeichnet (vgl. Nauwerck 2005, 42). Die *schwache Sprache* ist demnach jene, die insbesondere außerhalb des familiären Umfeldes seltener oder gar nicht benutzt und weniger gut beherrscht wird (vgl. Triarchi-Herrmann 2012, 33).

Schuleintritt

Mit Eintritt in die Grundschule kann die Erfahrung des Ungleichgewichts, der Beherrschung der beiden elterlichen Sprachen und die Relevanz der Umgebungssprache, zu einer vollständigen Aufgabe der schwachen Sprache führen (Meirelles-Schupfner 1996). Kommen weitere Entwicklungsrisiken, z.B. auch Verzögerungen im Lernprozess der anderen Sprache, kommunikationshemmendes Verhalten der Eltern oder anderer Kommunikationspartner (Vorwürfe oder Strafen wegen geringer Beherrschung der ‚schwachen' Sprache) und Diskriminierungserfahrungen durch den kulturellen Hintergrund hinzu, kann bei Grundschulkinder insbesondere in diesen dominant einsprachigen Situationen eine vollständige *Kommunikationsverweigerung* entstehen (Kracht/Schümann, 1994, 282 f.).

Da der Zweitspracherwerb sowohl in formalen wie informellen Kontexten stattfindet, kann nicht immer zwischen gesteuertem und ungesteuertem Lernprozess unterschieden werden. Rothweiler/Kroffke (2006) stellen fest, dass auch der frühe sukzessive Zweitspracherwerb zu einem vergleich-

Definition:

Wenn ein Kind beim Erstkontakt mit einer zweiten Sprache etwa mit dem dritten Lebensjahr die Erstsprache in ihren Grundzügen erworben hat, so wird der Lernprozess der zweiten Sprache als **Zweitspracherwerb** bezeichnet. Er kann sich ohne formalen Unterricht als natürlicher, gleichzeitiger „Zweitspracherwerb im sozialen Kontext" (Günther/Günther 2007, 142) oder systematisch und durch pädagogische Maßnahmen gesteuert vollziehen. Findet der Erwerb der zweiten Sprache nach dem dritten Lebensjahr statt, also nach dem Erlernen der Grundzüge der Erstsprache, wird von einem **sukzessiven oder sekundären Zweitspracherwerb** gesprochen (vgl. Triarchi-Herrmann 2012, 23). Dieser kann gesteuert oder ungesteuert erfolgen.

baren Verlauf wie bei einsprachig aufwachsenden Kindern führt. In Abhängigkeit vom kulturellen Zugehörigkeitsgefühl zur jeweiligen Sprache, der sich daraus ergebenden soziokulturellen Relation der beiden Sprachen und dem Einfluss des nachfolgenden Zweitspracherwerbs auf die kognitive und emotionale Entwicklung des Kindes können sich zwei unterschiedliche Verläufe der Erst- und Zweitsprache herausbilden. Beide Sprachen können sich gegenseitig stärken *(additive Zweisprachigkeit)* oder negativ beeinflussen (*subtraktive Zweisprachigkeit,* Lambert 1974; Triarchi-Herrmann 2012, 25). Die Sprachen können in unterschiedlichen oder in gemeinsamen Kontexten erworben werden und damit auch als einzelne, getrennte oder sprachliche Systeme (*koordinierter Zweitspracherwerb*, vgl. z.B. Wojnesitz 2010, 36) oder als ein gemeinsames System (*kompakter Zeitspracherwerb*, vgl. z.B. Kannwischer 2008, 13) gespeichert und abgerufen werden.

Bickes, H., Pauli, U. (2009): Erst- und Zweitspracherwerb: Eine Einführung. UTB, Stuttgart

Chilla, S., Rothweiler, M., Babur, E. (2010): Kindliche Mehrsprachigkeit. Grundlagen, Störungen, Diagnostik. Reinhardt, München

Kroffke, S. (2007): Mehrsprachige Kinder mit Spezifischer Sprachentwicklungsstörung: Implikationen für die Diagnostik. L.O.G.O.S. interdisziplinär 15 (4), 253–262

2.3 Ablauf und Meilensteine im Sprachlernprozess

Erst- und Zweisprache können unterschiedlich schnell erworben werden. Aber auch bei einsprachig aufwachsenden Kindern ist das Tempo der Sprachlernprozesse sehr unterschiedlich. Sogenannte Meilensteine der Entwicklung sind von großer Bedeutung bei der Einschätzung, ob bei einem Kind eine Spracherwerbsstörung vorliegt oder nicht. Dies sind wichtige Etappen in der Entwicklung sprachlicher Fähigkeiten und dem Erwerb sprachlicher Handlungsfertigkeiten. Da der Begriff der Meilensteine das einseitige Konzept einer Reifungstheorie angeborener, sich entfaltender Fähigkeiten nahelegt (Michaelis 2004), wird die Beschreibung des erwartungsgemäßen und gestörten Lernprozesses sprachlicher Fähigkeiten mit dem Begriff des Grenzsteines ergänzt (Kany/Schöler 2010, 32). Diese markieren die Grenzen der erwartungsgemäßen Entwicklung, „bei denen die Beobachter der kindlichen Entwicklung (Eltern, pädagogische und andere Fachkräfte) aufmerken sollten, weil sich Abweichungen vom unauffälligen Weg andeuten (...)" (Kany/Schöler 2010, 32).

Schuleintritt

Mit Eintritt in die Grundschule ist bei Kindern mit einem ungestörten Entwicklungsverlauf der Lernprozess in den meisten lautsprachlichen Bereichen abgeschlossen. Lediglich der komplexe Satzbau (Syntax), Erzählfähigkeiten (narrative Fähigkeiten) und metasprachliche Kompetenzen (Umgang mit Metaphern, Ironie, Humor) entwickeln sich noch in den weiteren Jahren. Auch der Wortschatz vergrößert sich ein Leben lang.

Universalien im Sprachlernprozess

Dem Sprachlernprozess liegen verschiedene Universalien zugrunde. So werden die im vorderen Mundraum produzierten und die einfacher zu bildenden Plosiv- und Reibelaute (z.B. [p] bei „Papa" und [m] bei „Mama") schneller erworben als die hinteren und kombinierten Laute (z.B. [g] wie bei „Gabel", [ŋ] wie bei „Zunge" oder der „Ach-Laut" [ç] wie bei „Dach"). Auch der Erwerb der grammatischen Fälle im Deutschen (Nominativ, Genitiv, Dativ und Akkusativ) findet in der Regel in einer Reihenfolge statt und das explizite Wissen über Sprachstrukturen erfolgt erst im Grundschulalter nach Abschluss wesentlicher sprachlicher Fähigkeiten.

Erst mit dem wachsenden Wissen über Sprache, den metasprachlichen Fähigkeiten, erkennt das Kind, welche Bedeutungsunterscheidung einzelne Laute haben können (z. B. Tanne – Kanne), wie Sätze umgebaut werden können, um z. B. Fragen zu stellen, und schließlich im Grundschulalter, wie Sprache für Abstraktionen, Humor, Ironie und mit Metaphern benutzt werden kann.

Lautentwicklung

Die Entwicklung der phonetisch-phonologischen Fähigkeiten sollte im Grundschulalter weitestgehend abgeschlossen sein. Bis dahin werden *Vokale vor den Konsonanten* erworben. Der Erwerb der Konsonanten hängt ab vom *Schwierigkeitsgrad der Lautbildung* (z.B. [p] vs. [kr], der *Auftretenshäufigkeit des Lautes* in der Muttersprache, der *Unterscheidbarbarkeit des Lautes von anderen* (z.B. [m] – [n]) sowie der *Reichhaltigkeit des sprachlichen Angebotes* durch die Bezugspersonen. Häufig verwendete Laute werden vor den seltener auftretenden und einfach zu bildende Laute werden vor den schwierigen erworben. Die Fertigkeit des Kindes, einen Laut einzeln richtig bilden zu können *(Phonetik)*, ist nicht zu verwechseln mit der Verwendung eines Lautes (z.B. [d]) in der richtigen Wortumgebung (z.B. /da:bl/, also „Dabel" statt „Gabel".) Die Fertigkeit zur Lautverwendung *(Phonolo-*

gie), also z.B. Minimalpaare zu erkennen (z.B. die gesprochenen Wörter /kanne/ („Kanne") und /tanne/ *(„Tanne")* unterscheiden zu können), bedarf einer systematischen logopädischen Untersuchung. Aber auch Kinder mit organisch bedingten, phonetischen Störungen, z.B. infolge von Hörstörungen, anatomischen und funktionellen Störungen der Sprechwerkzeuge (z.B. nach Lippen-Kiefer-Gaumen-Segel-Spalten oder mit Funktionsstörungen der Sprechmuskeln, → Kapitel 2.4), benötigen individuelle Unterstützung im inklusiven Unterricht und deren Grundschullehrkräfte fachspezifische Beratung durch Sonderpädagogen oder Logopäden.

Grenzsteine der Lautentwicklung

Wichtige Grenzsteine in der phonetischen Entwicklung des Kindes können bereits vor Eintritt in die Grundschule entdeckt werden. Befinden sich z.B. unter den ersten 50 Wörtern, die das Kind spricht, keine Labialkonsonanten der Muttersprache (z.B. [m] oder [p]), so ist von einer phonetischen Störung (Artikulationsstörungen) auszugehen (Kany/Schöler 2010, 41).

Auffälligkeit der Aussprache im Grundschulalter

Im Grundschulalter können jedoch noch phonologisch bedingte Aussprachestörungen beobachtet werden. Die Fertigkeit des Kindes, Laute an der richtigen Stelle in einem Wort zu verwenden, sie nach den Möglichkeiten der deutschen Sprache zu kombinieren und auditiv unterscheiden zu können, ist dann noch nicht vollständig erworben. In diesen Fällen liegen häufig noch *nicht überwundene, phonologische Vereinfachungsprozesse* zugrunde, die normale Erscheinungen der sprachlichen Entwicklung sind. Bei sogenannten *Silbenstruktur-, Harmonisierungs- und Substitutionsprozessen* vereinfacht das Kind die flüssige Aussprache durch Auslassungen, Vertauschung oder Verdopplung von Lauten oder Silben. Realisierungen wie „Nane" statt „Banane" oder „Batt" statt „Blatt" (Silbenstrukturprozess mit Auslassung), „Tamm" statt „Kamm" (Substitutionsprozess durch Vorverlagerung der Zunge) oder „Fiff" statt „Schiff" (Harmonisierungsprozess durch Anpassung an andere Konsonanten) sind zwischen Beginn des Lauterwerbs und viereinhalb Jahren möglich. Treten solche Aussprachestörungen noch im Grundschulalter auf, ist eine systematische Sprachdiagnostik und Beratung der Grundschullehrkräfte erforderlich.

Weinrich, M., Zehner, H. (2011): Phonetische und phonologische Störungen bei Kindern. Aussprachetherapie in Bewegung. Springer, Berlin

lexikalische Entwicklung

Nach der Aneignung der ersten Wörter ist eine langsame und kontinuierliche Vergrößerung des Wortschatzes zu beobachten, bei der das Kind zwei bis drei neue Wörter in der Woche erwirbt. Im Alter von etwa einem Jahr (zwischen dem neunten und fünfzehnten Monat) produziert das Kind in der Regel die ersten Wörter, mit 18 Monaten durchschnittlich 50 bis 100 Wörter.

Meilensteine im Wortschatzwerb

Einer der wichtigsten Meilensteine in der Entwicklung der Erstsprache ist die sogenannte *50-Wort-Grenze*, die ungefähr bis zum zweiten Lebensjahr erreicht wird (Menyuk 2000). Beim doppelten Erstspracherwerb tritt diese Grenze geringfügig später auf. Der frühe Gebrauch der ersten Wörter dient vorrangig dem Benennen von Objekten. Von zentraler Bedeutung für die nachfolgenden syntaktischen Fertigkeiten des Kindes ist die quantitative Entwicklung des aktiven Wortschatzes.

Grenzsteine im Wortschatzerwerb

Drei Grenzsteine in der semantisch-lexikalischen Entwicklung des Kindes geben Hinweise auf Schwierigkeiten im Erstspracherwerb:

- *Hat das Kind im Alter von 18 Monaten noch kein erstes Wort produziert, ist die weitere Entwicklung aufmerksam zu verfolgen (Kany/Schöler 2010, 54).*
- *Als zweiter Grenzstein gilt die 50-Wort-Grenze. Ist diese bis zum zweiten Lebensjahr nicht erreicht, sind die Umstände des möglichen Zweitspracherwerbs, die übrigen Lern- und Entwicklungsbedingungen und das Risiko einer Spezifischen Sprachentwicklungsstörung (SSES, → Kapitel 2.4) genauer zu prüfen.*
- *Übersteigt auch mit drei Jahren der aktive Wortschatz nicht 100 Wörter und verwendet das Kind häufig sogenannte Passepartout-Wörter („Dingsda", „das da") oder unspezifische Phrasen („Weißt schon") und einfache, nicht zusammengesetzte Hauptwörter, sind dies deutliche Hinweise auf Verzögerungen der Wortschatzentwicklung (lexikalische Entwicklung).*

semantische Entwicklung

Die Entwicklung des Wortbedeutungswissens (semantische Entwicklung) hängt eng mit der allgemeinen kognitiven Entwicklung, der Reichhaltigkeit der individuellen Erfahrungsinhalte und der Motivation des Kindes zusammen. Je nach Angeboten und Interessen in der individuellen Lebenswelt können sowohl ein Teilwortschatz und die Entwicklung der Bedeutungen dazu (z.B. Dinosaurier) bereits dem Entwicklungsstand von Erwachsenen gleichen. Der Wortbedeutungserwerb ist individuell variabel und ergebnisoffen, da er eng mit den der kognitiven begrifflich-konzeptionellen Entwicklung unter verschiedenen soziokulturellen Bedingungen verläuft.

semantische Entwicklung im Zweitspracherwerb

Beim koordinierten Zweitspracherwerb bilden sich zwei unterschiedliche semantische System aus, die eng mit der subjektiven kulturellen Identität im Bezug auf die begrifflichen Konzepte zusammenhängen und mit dem wachsenden metasprachlichen Bewusstsein zusammengeführt werden können.

Durch diese subjektiven und erfahrungsbasierten Klassifikationsvorgänge der Wörter und ihrer Bedeutungen kommt es während der semantisch-lexikalischen Entwicklung zu natürlichen Erweiterungen und Einschränkungen des referenziellen Gebrauches der Wörter:

- **Überdehnungen (Übergeneralisierungen):** Mit „Hund" werden nicht nur Hunde benannt, sondern alle Vierbeiner bezeichnet, also auch Kühe, Katzen, Schafe usw. Dennoch kann das Kind die unterschiedlichen Tiere konzeptionell voneinander unterscheiden.
- **Unterdehnungen (Überdiskriminierung):** Das Kind bezeichnet nur die Tauben in der Stadt mit „Vogel", den Wellensittich zu Hause benennt es mit „Hansi" und für alle anderen Eier legenden Tiere mit Federn werden andere Wörter herangezogen oder sie fehlen.
- **Mismatch:** Das Kind bleibt zwar in der weiteren semantischen Domäne (z.B. Lebensmittel), verwendet aber nicht dem Kontext entsprechend den angemessenen Unterbegriff (z.B. Wurst statt Käse).

Auffälligkeiten bei der Bedeutungszuweisung im Wortschatz des Kindes sind weniger auf sprachspezifische Entwicklungsschwierigkeiten zurückzuführen, sondern eher auf kognitiv-intellektuelle Fähigkeiten (vgl. Kany/Schöler 2010, 50f.), da bei spracherwerbsgestörten Kindern Überdehnungen in keinem stärkeren Maße als bei normalsprachigen Kindern beschrieben werden (vgl. Szagun 2010).

Grammatikentwicklung

Mit der kritischen Masse von ca. 50 Wörtern sind auch mehr Kombinationen und damit auch Zwei- und Mehrwortsätze möglich (vgl. Locke 1993, 1997), auf die nun Stück für Stück die Regeln der Muttersprache angewandt werden. Die Kombination von unterschiedlichen Wortarten erfordert nun das grammatische Geschlecht (Artikel), die Kasusformen der Substantive (Akkusativ, Dativ, Genitiv), die Konjugation von Verben in Abhängigkeit des Akteurs (Person), der Anzahl der Akteure (Numerus) und der

Zeit (Tempus), damit auch die Flexion von Substantiven und Adjektiven und die Verneinung (Negation).

Grammatikentwicklung und Kognition

Auch dieser sprachliche Lernprozess setzt allgemeine kognitive Fähigkeiten zur Regel- und Analogiebildung, Differenzierung und Kategorisierung und dem Erkennen von Kausalitäten in räumlichen und zeitlichen Zusammenhängen voraus. Die Fähigkeit zur intuitiven Hypothesenbildung und -überprüfung grammatischer Regeln zu einem beschriebenen Sachverhalt in der wahrgenommenen Umwelt ist wiederum angeboren (→ Kapitel 2.1). Ein wichtiger Meilenstein in dieser Entwicklung ist die Abstimmung der benutzten Wörter aufeinander in einem Satz (z.B. Subjekt-Verb-Kongruenz: „Peter spielt“ und nicht „Peter spielen“).

Grenzsteine der Grammatikentwicklung

Die wichtigsten Grenzsteine in der Grammatikentwicklung im Deutschen sind die *Verbstellungsregeln* und die *Nebensatzkonstruktionen*. Im unauffälligen Spracherwerb wird das finite Verb mit spätestens drei Jahren im Satz richtig positioniert („Der Ball fliegt rüber.“). Bei sprachauffälligen Kindern werden die erläuterten Prinzipien, die die Meilensteine der Grammatikentwicklung beschreiben, zu einem wesentlich späteren Zeitpunkt erworben. Noch bis in das Grundschulalter können entwicklungsnormale Fehler anhalten („Der Ball rüber fliegen.“). Werden im Grundschulalter bei einem Kind durchgehend Genusfehler („Die Ball ...“), Verbkongruenzfehler („Die Ball fliegen ...“), Numerusfehler („Die Balls fliegt ...“) und Flexionsfehler („Die Ball gefliegen ...“) beobachtet, die es auch nicht selbst korrigiert, dann benötigt es im Unterricht und darüber hinaus individuelle Unterstützung und Entwicklungsförderung durch Sprachexperten.

spezifische Spracherwerbsstörung oder mangelnde Sprachbeherrschung?

Das Entscheidende bei der sprachdiagnostischen Beobachtung ist die Unterscheidung zwischen spezifischen Erwerbsstörungen der Erstsprache und mangelnder Sprachbeherrschung des Deutschen als Zweitsprache bzw. mangelnder Beherrschung der Erstsprache durch nicht ausreichende sprachliche Anregung und sprachhemmendes Verhalten der Bezugspersonen. In beiden Fällen sind die Phänomene sprachlicher Auffälligkeiten ähnlich und werden oftmals verwechselt, wenn zudem ausschließlich der unspezifische Blick auf die allgemeinen kommunikativen Fertigkeiten im Vordergrund steht. Hier sind grundlegende Einblicke in die Besonderheiten der anderen Erst- bzw. Muttersprache notwendig bzw. Grundschullehrkräfte und auch die Sonderpädagogen mit dem Förderschwerpunkt Sprache müssen sich hier von

Experten der Muttersprache beraten lassen. Kany/Schöler (2010, 23) liefern dafür ein anschauliches Beispiel, das hier in leicht veränderter Form vorgestellt wird:

Im Morgenkreis am Montag berichten die Schüler von ihren Aktivitäten am Wochenende. Der sechsjährige, deutsch-türkisch aufwachsende Melek erzählt seinen Mitschülern vom Sonntag: „Wir sind nach Schwimmbad gefahren. Aber der Wasser war kalt“. Der gleichaltrige, einsprachig deutsch aufwachsende Sedrik ist dran: „Mein Vater und die Mama eine Buch gekaufen. Ich wollte die habe“.

Meleks Fehler sind nicht ungewöhnlich, weil das Türkische keine Präpositionen kennt. Dort sind sie keine eigenen Wörter, sondern sie werden durch Suffixe, also Anhängsel an einem Wort wie zum Beispiel die deutschen Pluralformen, ausgedrückt, die es aber so im Deutschen nicht gibt. Auch bei der Genuszuweisung („die Wasser“) sind bei Melek Probleme zu erwarten, da Zweisprachlerner des Deutschen häufig Probleme wegen der zahlreichen Ausnahmeregeln haben und die grammatischen Geschlechter oftmals zusammen mit dem Nomen auswendig lernen.

Die Fehler bei Sedrik sind anders zu bewerten. Er hat wesentliche Meilensteine der grammatischen Entwicklung noch nicht erreicht. Er produziert zwei Hauptsätze, obwohl der Zusammenhang durch eine subordinierende Konjunktion mit einem Nebensatz („weil“) ausgedrückt werden könnte. Auch die Subjekt-Verb-Kongruenz, die Verbstellung und Genuszuweisung, die für monolingual deutschsprachige Kinder kaum ein Problem darstellt, kann von Sedrik noch nicht ausgedrückt werden.

Den sprachlichen Schwierigkeiten von Kindern in einem subtraktiven parallelen oder sukzessiven, möglicherweise kombinierten Zweispracherwerb liegen Ursachen zugrunde, die eher in den institutionellen, gesellschaftlich-soziokulturellen und individuellen sprachlichen Lernbedingungen zu suchen sind.

Werning, R., Lütje-Klose, B. (2012): Einführung in die Pädagogik bei Lernbeeinträchtigungen. Reinhardt, München

Das Online-Material 2 führt in das Thema „Sprachliche Besonderheiten bei Zweisprachigkeit“ in die spezifischen Phänomene des Code-Switching, Code-Mixing und der sprachlichen Interferenzen ein.

2.4 Störungen und Verzögerungen im Erstspracherwerb

sprachliche Behinderungserfahrung als kritisches Lebensereignis

Führen Störungen der Erstsprache, des Sprechens, der Stimme oder der Redefähigkeit zu Kommunikationsbehinderungen, können diese Erfahrungen als kritische Lebensereignisse (Filip 1995) wahrgenommen werden. Die Sprachstörung und die Behinderungserfahrungen bestimmen Form und Ausmaß der Einschränkungen an der Teilhabe im Alltag in der Schule. Diese „Sprech- und Formulierungskrise" (Homburg 1983, 119) kann durch folgende Merkmale charakterisiert sein (Schoor 2000, 198):

Dauer und Häufigkeit: Sprachstörungen können sehr lange andauern (z.B. bei Aphasien nach Hirnverletzungen), vorübergehend (z.B. bei Aussprachestörungen) oder phasenweise auftreten (z.B. beim Stottern).

Gewissheit: Störungen der Stimme oder des Sprechens können unveränderbar sein (z.B. Stimmstörungen nach Lippen-Kiefer-Gaumen-Spalten). Auf der anderen Seite können Sprachstörungen längere Zeit ungeklärt bleiben (z.B. Sprachentwicklungsstörungen).

Evidenz: Sprachstörungen können auffällig sein (z.B. Poltern) oder durch Vermeidungsverhalten versteckt bleiben (z.B. Mutismus).

Ästhetik: Sprach- oder Sprechstörungen können mit ästhetischen Beeinträchtigungen verbunden sein (z.B. nach Lippen-Kiefer-Gaumen-Spalten).

Behinderungsgrad: Sprachstörungen können die selbstbestimmte Teilhabe am Unterricht und am Alltag massiv beeinträchtigen (z.B. bei völliger Unverständlichkeit bei universellen Aussprachestörungen).

Empathie und Akzeptanz: Sprachstörungen können selbstbezogen und schwer einfühlbar sein (z.B. Mutismus) oder Abneigung (z.B. beim Poltern) oder Mitleid (z.B. beim Stottern) erzeugen.

Schuldzuweisung: Sprachstörungen können durch laienhafte Ursachenerklärungen zu Schuldzuweisungen führen, die sich auf den Betroffenen („doof"), die Familie („Die sprechen da alle so.“) oder deren sozioökonomische („Unterschichtsprache“) oder -kulturelle Lebensbedingungen („Die wollen kein Deutsch lernen.“) beziehen.

Ob die inklusive Schule hinreichend auf diese möglichen Aspekte vorbereitet ist und ob im inklusiven Unterricht darauf angemessen präventiv reagiert werden kann, hängt maßgeblich von der personellen Ausstattung und der fachspezifischen Qualifikation der Pädagogen ab (→ Kapitel 1.3). Sonderpädagogen mit dem Förderschwerpunkt Sprache sind erforderlich, um zu den folgenden, möglichen Ausgangslagen von Schülern mit Sprachbeeinträchtigungen (→ 2.4.1–2.3.4) Informationen und Beratung anbieten zu können.

Störungen der Erstsprache werden unterschieden in Beeinträchtigungen der Sprache, des Sprechens, der Redefähigkeit und der Stimme.

Systematik der Sprachstörungen

Störungen können als eigenständiges Phänomen auftreten (*primäre Sprachstörungen*) oder z.B. als Folgeerscheinung von Hörbeeinträchtigungen, genetisch bedingten Syndromen oder im Zusammenhang mit cerebralen Störungen, kognitiven und sozial-emotionalen Entwicklungsstörungen oder -verzögerungen (*eingebettete oder sekundäre Sprachstörungen,* vgl. Siegmüller 2010).

Durch die linguistische Unterscheidung der Phänomene der Sprachstörungen werden in der Fachliteratur die im Folgenden dargestellten Störungsbereiche beschrieben, auf die sich der Unterricht in einer inklusiven Schule einstellen muss.

Die folgenden Phänomene sprachlicher Beeinträchtigungen können überblicksartig nachgelesen werden bei:

Siegmüller, J., Bartels, H. (2010) (Hrsg.): Leitfaden Sprache – Sprechen – Stimme – Schlucken. Urban & Fischer, München

Grohnfeldt, M. (2009) (Hrsg.): Lehrbuch der Sprachheilpädagogik und Logopädie. Band 2: Erscheinungsformen und Störungsbilder. 3. Aufl. Kohlhammer, Stuttgart

Grohnfeldt, M. (2007) (Hrsg.): Lexikon der Sprachtherapie. Kohlhammer, Stuttgart

Franke, U. (2008): Logopädisches Handlexikon. 8. Aufl. Reinhardt, München

2.4.1 Spezifische Störungen der Sprachentwicklung

Sprachentwicklungsstörungen zeigen sich auf einer oder auf mehreren sprachlichen Ebenen:

- als **Aussprachestörung auf der phonetisch-phonologischen Ebene,**
- als **Störung der Wortbedeutungsentwicklung** und als reduzierter Wortschatz auf der semantisch-lexikalischen Ebene,
- als **Störungen des grammatischen Regelsystems** auf der morphologischen und syntaktischen Ebene.

Abbildung 5 veranschaulicht den Verlauf des auffälligen Spracherwerbs und die unterschiedlichen Phänomene. Sogenannte Late Talker zeigen auch bis zum zweiten Lebensjahr noch weniger als 50 Wörter im produktiven bzw. aktiven Wortschatz und häufig keine Wortkombinationen für Zwei- und Mehrwortsätze (→ Kapitel 2.1).

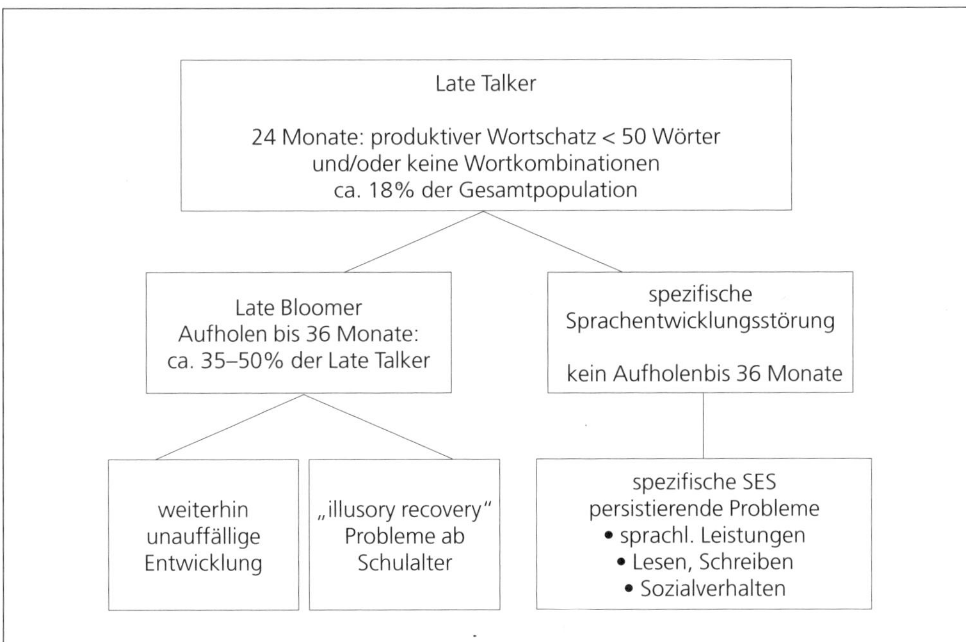

Abb. 5: Verlauf und Untergruppen im auffälligen Spracherwerb (Siegmüller/Kauschke 2006)

Die Angaben zur Vorkommenshäufigkeit des verspäteten Sprechbeginn schwanken in der Literatur erheblich. Siegmüller/Kauschke (2006) geben sie mit 18% der Gesamtpopulation an.

Late Bloomer

Zahlreiche dieser Kinder holen als *Late Bloomer* diese verzögerte Sprachentwicklung bis zum 36. Lebensmonat wieder auf und bleiben auch in der weiteren Entwicklung im Schulalter unauffällig. Ein Teil holt zwar scheinbar in der Sprachentwicklung auf, zeigt aber dann doch mit Eintritt in die Schule deutliche Lern- und Sprachverständnisschwierigkeiten (Illusory Recovery, Kauschke 2003, 153). Unter Berücksichtigung dieser Untergruppen wird in der Literatur eine Vorkommenshäufigkeit von ca. 10% (z.B. Grimm 2003, Suchodoletz 2004, Fried 2006) angegeben für die Kinder, die auch bis zum 36. Lebensmonat diese Verzögerung in der Sprachentwicklung nicht aufholen und synchrone Verzögerungen in allen sprachlichen Bereichen oder asynchrone Verzögerungen in einzelnen sprachlichen Bereichen, also sogenannte isolierte oder übergreifende, spezifische und anhaltende Sprachentwicklungsstörungen zeigen, die sich ebenfalls auf die sozial-emotionale Entwicklung und die einzelnen schulische Leistungsbereiche auswirken.

2.4.2 Störungen der Rede- und Kommunikationsfähigkeit

Störungen der Redefähigkeit und des Redeflüssigkeit (Stottern, Poltern und Mutismus), also Störungen des Tempos und des Ablaufes einer ganzen Sprachhandlung, können situationsabhängig oder habituell auftreten.

Stottern

Beim Stottern sind

- Unterbrechungen des Redeflusses durch Wiederholungen der Laute, Silben oder Wörter (Repetitionen: „A-a-aber der-der-der ...“),
- Dehnungen von Lauten (Prolongationen: „Aaaber ...“),
- stumme Pausen (Blockaden),
- Einfügungen von Murmelvokalen (Schwa-Laute: „Ke-ke-ke-Kanne“),
- Flickwörter (Partikeln: „Ich-äh-äh-äh ...“) oder
- Floskeln („Weißt du – weißt du ... nein“) zu hören.

Begleiterscheinungen

Beobachtbar sind auch oft körperliche Begleiterscheinungen meist als *Versuch, die Redeunflüssigkeit zu überwinden.* Dazu gehören:

- fehlender Blickkontakt zum Gesprächspartner,
- mimische Mitbewegungen wie Gesichtsverzerrungen oder Kieferschlagen,
- motorische Mitbewegungen wie das Stampfen mit dem Fuß oder Kopfwackeln,
- Pressbewegungen und Muskelverkrampfungen.

Störungsbewusstsein

Stotternde Kinder sind sich ihrer Redeflussstörungen bewusst. Sie bewerten sprecherische und kommunikative Anforderungen meist sehr hoch, können Misserfolgserwartung und Vermeidungsstrategien entwickeln, indem sie andere Wörter oder Sätze wählen als beabsichtigt.

Empfehlungen für Grundschullehrkräfte

Stottern ist eine sehr seltene Erscheinungsform sprachlicher Beeinträchtigungen. Es soll daher in diesem Buch nicht näher auf die sprachtherapeutischen Möglichkeiten eingegangen werden. Individualisierte Interventionen, die sinnvoll in Unterrichtsinhalte eingebunden werden können, sind kaum möglich. Grundschullehrkräfte können aber mit dem Ziel der Prävention von Kommunikationsbehinderungen didaktische und gestalterische Aspekte ihrer Lehrersprache und des Unterrichtsverlaufes beachten. Eine positive Wertschätzung und neutrale Haltung dem Stottern gegenüber kann erreicht werden, wenn sich die Lehrkraft nicht selbst unsicher zeigt. Sie kann sich selbstständig informieren bei der Bundesvereinigung Stotterer-Selbsthilfe e.V. (http://www.bvss.de), durch Besuche von Landesselbsthilfegruppen und durch die Beratung des Sonderpädagogen.

Das Online-Material 3 bietet eine Checkliste für Lehrer von stotternden Schülern, die aufzeigt, was Lehrer tun können, um die betreffenden Schüler in den Unterricht einzubinden und nicht zu verunsichern.

Poltern

kein Störungsbewusstsein

Zum Erscheinungsbild des sogenannten Polterns liegen kaum empirische Befunde und Literaturgrundlagen vor. Anders als bei stotternden Menschen leiden Polternde nicht unter einem Störungsbewusstsein und sind dementsprechend auch seltener in ihrer subjektiven Lebensqualität eingeschränkt, weswegen vermutlich nur ein geringer Bedarf besteht, sich mit dem Phänomen und seiner Diagnostik und Therapie systematisch und empirisch zu beschäftigen.

Poltern in der Grundschule

Da sich die Schwierigkeiten eines polternden Kindes jedoch nicht nur auf der verbalen Ebene, sondern auch im schriftsprachlichen Bereich zeigen können, sind Informationen dazu für Grundschullehrkräfte im inklusiven Unterricht unerlässlich.

Oftmals treten die Symptome des Polterns zusammen mit dem Stottern auf, seltener erscheinen sie isoliert.

überhöhtes Sprechtempo

Das Poltern wird allgemein als zu schnelles und überhastetes Sprechtempo (Tachylalie) über die gesamte Äußerung hinweg, in einem Wort (intraverbale Akzeleration) oder in einem Satz beginnend (interverbale Akzeleration), beschrieben mit folgenden spezifischen Auffälligkeiten:

- Hinzufügung, Auslassungen oder Verschmelzungen von Lauten,
- Silben- und Wortauslassungen,
- unverhältnismäßig viele Einschübe, Flickwörter und Floskeln („äh“, „nicht wahr“, „ne“),
- auf der Satzebene falsche Wortstellungen, Wortfindungsstörungen und ganze Abbrüche von Sätzen,
- unmelodisch gestaltetes Sprechen mit uneinheitlichem, oft unpassendem Betonungsmuster und wechselnder Lautstärke.

Semantik und Erzählfähigkeit und Poltern

Daly & Burnet (1996) beschreiben weiterhin semantische Fehlbildung (Sinnzusammenhang der Äußerung unklar) und in Erzählungen einen unstrukturierten und unzusammenhängenden Themenverlauf. Ähnliche Phänomene zeigen sich auch beim Lesen und Schreiben. Darüber hinaus werden eingeschränkte pragmatische Fähigkeiten bei der Gesprächsorganisation, also dem Sprecherwechsel, und dem Anzeigen des Abschlusses der Rede beschrieben.

Hilfen bei Poltern

Menschen, die poltern, werden klassische Methoden der Sprecherziehung angeboten, die eine bewusste, langsame und konturierte Sprechweise und Artikulation anbahnen durch fachspezifische Atem- und Gliederungstechniken. Geübt werden hierbei Einschübe von Pausen im Satz, die Wahrnehmung der eigenen Sprache sowie die Artikulation bis zum Wortende.

Feedbackmethoden im Unterricht

Konsequent werden Feedbackmethoden mit Audio- und Videoaufnahmen eingesetzt, um die Selbstwahrnehmung der Mimik, Gestik, Artikulationsbewegung und das Sprechtempo zu verbessern. Solche Übungen, z.B. Rollenspiele, in denen das Kind die Rolle eines Radiomoderators übernimmt, können auch in den Unterricht integriert werden.

Mutismus

selektives Schweigen

Als mutistisches Verhalten wird das völlige Unterlassen des Sprechens in Abhängigkeit von Personen und Situationen bei normaler Sprachentwicklung beschrieben. Mutismus ist durch eine Selektivität charakterisiert, d.h. in einigen Situationen spricht das Kind (z.B. in der Familie), in anderen definierbaren Situationen jedoch nicht (z.B. in der Schule). Daher wird auch von *selektivem Mutismus* gesprochen.

Häufigkeit

Mutistisches Verhalten kommt sehr selten vor. Bis zu sieben von 1000 Kindern können betroffen sein. Davon zeigen Mädchen doppelt so oft häufig wie Jungen dieses Verhalten. Hartmann (2007, 202) weist auf eine hohe Dunkelziffern hin. In bis zu 50% der Fälle kann mutistisches Verhalten in Verbindung mit anderen Sprachstörungen auftreten und bei 21,4% der Fälle zeigen sich Schwierigkeiten beim deutschen Zweitspracherwerb.

Übergänge von der Familie in den Kindergarten und in die Schule können zentrale Auslöser für mutistisches Verhalten sein.

Ist das Verhalten aufgetreten, hält es oft bis ins späte Schulalter an. In den meisten Fällen wird in der Adoleszenz wieder gesprochen. Mutismus tritt zu 95% im außerhäuslichen Umfeld auf. Auslöser sind Situationen mit unterstellter hoher kommunikativer Erwartung (Gruppe, Personen). Das Verhalten wird meist erst beim „Erst-Sprechen-müssen" mit Fremden beobachtet (ebd.).

Merkmale

Das mutistische Verhalten ist charakterisiert durch ein *vollständiges Fehlen verbaler und nonverbaler Äußerungen* und kommunikativer Signale, d.h. es findet auch kein Räuspern oder Lachen statt. Auch das Weinen vollzieht sich stumm und meistens ohne Tränen. Der gesamte mimische Ausdruck des Kindes ist vom mutistischen Verhalten bestimmt und wirkt distanziert.

Beim Mutismus ist nicht die Redefähigkeit gestört, sondern die grundsätzliche Bereitschaft zur Äußerung.

Risikofaktoren

Als Risikofaktoren des Mutismus werden individuelle psychische und soziale Umstände aufgezählt. Beschrieben werden

- psychische Störungen bzw. Verhaltensstörungen bei Familienangehörigen, traumatische Erlebnisse (z.B. Krieg, Misshandlung, Tod von Angehörigen),
- extreme Erziehungsbedingungen (z.B. Überhütung),
- sprachliche Behinderungserfahrungen durch hirnorganischen Schädigungen, auch Stottern und universelle Aussprachestörungen, die jedoch aufrechterhaltende oder auslösende Bedingungen darstellen.

Mutismus ist eine Kommunikationsstörung, d.h. die Interpretation des Schweigens als Wahrnehmung einer sozialen Störung insbesondere im Unterricht erfordert eine behutsame Reflexion der sozialen Kompetenz aller Beteiligten, die mit dem Schweigen umgehen müssen.

Hilfe bei mutistischem Verhalten

In der Sprachtherapie müssen zunächst *Achtsamkeit* für die geringsten kommunikativen Beiträge des mutistischen Kindes, *Vertrauen* und *Empathie* geschaffen werden. Nonverbale Kommunikationsmöglichkeiten werden gefunden und gefördert, müssen jedoch konsequent zur verbalen Kommunikation führen und dazu motivieren, die nonverbalen Kompensationsstrategien nicht aufrecht erhalten zu wollen.

Im Mittelpunkt steht, dass das Kind das Sprechen als wertvolles Instrument der sozialen Interaktion erlebt und erprobt. Im Unterricht müssen die Lehrkräfte – ähnlich wie bei stotternden Kindern – Achtsamkeit und Vertrauen schaffen, um die Angst vor kommunikativen Anforderungen zu reduzieren und sich ansprechbar zeigen.

2.4.3 Organisch bedingte Sprach-, Sprech- und Stimmstörungen

Zentrale Sprach- und Sprechstörungen sind durch hirnorganische Verletzungen (Schädel-Hirn-Traumata z.B. durch Unfälle im Straßenverkehr, Stürze bei Spiel und Sport oder auch als Folge körperlicher Gewalt), Entwicklungsstörungen oder Abbauprozesse verursachte Störungen der Sprache und der Sprechfähigkeit, die auf allen Ebenen und Modalitäten vorkommen können. Die nachfolgend beschriebenen Störungen, die in jedem Alter auftreten können, werden in Aphasie, Dysarthrophonie, Sprechapraxie, Dysphonien und myofunktionelle Störungen unterschieden.

Aphasie

Bei Verletzungen der Bereiche des Gehirns, die für die Sprachproduktion und –rezeption relevant sind, kommt es häufig zu Störungen der Produktion von Wörtern und Sätzen oder des Sprachverständnisses und häufig zusammen mit Halbseitenlähmungen zu Störungen der Bewegungsplanung und -durchführung (Apraxie).

Bei einer aphasischen Störung liegt keine Beeinträchtigung des Sprechablaufes vor, wohingegen die Anwendung von phonologischen, syntaktischen und morphologischen Strukturen gestört ist.

Aphasie im Grundschulalter

Im Schulalter bleiben häufig Beeinträchtigungen bei einzelnen sprachlichen Modalitäten und Fertigkeiten zurück (z.B. Lesen, Schreiben oder Wortfindungsstörungen). Ein Zusammenhang zwischen den aphasischen Störungen und den intellektuellen Fähigkeiten besteht nicht. Sind jedoch auch Bereiche des Frontalhirnes betroffen, kommen häufig auch Konzentrations-, Aufmerksamkeits- und Gedächtnisstörungen, Verhaltensauffälligkeiten, Aggressivität oder Hyperaktivität hinzu. Auch Epilepsien und Schluckstörungen (Dysphagien) können auftreten.

Hilfen bei kindlicher Aphasie

Für Kinder mit spezifischen Beeinträchtigungen in einzelnen Bereichen nach einer Aphasie ist im inklusiven Unterricht eine fachkundige und systematische Beobachtung durch den Sonderpädagogen notwendig, um auf die Barrieren im Unterricht reagieren und individualisierte Lernangebote gestalten zu können. Auch die Beratung der Grundschullehrkräfte ist erforderlich, um über die Ursachen und Erscheinungsformen aufzuklären. Der Bundesverband für die Rehabilitation der Aphasiker e.V. (BRA) bietet hier Eltern und Lehrkräften mit Informationsmaterial und der Webseite www.aphasiker-kinder.de (07.06.2012) des Projektes „Beschulung aphasischer Kinder“ umfassende Unterstützung.

Dysarthrophonie

Durch eine Schädigung motorischer Gehirnbereiche und bestimmter Nervenbahnen können auch die Sprechbewegungen beeinträchtigt werden. *Bei Kindern tritt diese Störung häufig bei zerebralen Bewegungsstörungen auf.* Die am Sprechvorgang beteiligten orofazialen Muskeln, die Stimmgebung und die Atmung können in unterschiedlicher Weise gelähmt oder in ihrer Bewegung behindert sein. Ist nur die Artikulation betroffen, spricht man von einer *Dysarthrie.* Ist aber auch die Stimmgebung gestört, wird dieses Erscheinungsbild als *Dysarthrophonie* bezeichnet.

Merkmale

Folgende Symptome können bei einer Dysarthrophonie beobachtet werden:

- Das Sprechen ist verwaschen und undeutlich,
- die Stimme klingt heiser, leise, rau oder gepresst,
- die Sprechweise kann auch sehr monoton und
- das Sprechtempo kann zu hoch oder sehr langsam sein.

Eine Dysarthrophonie kann bei *Veränderungen des Sprechtempos* auch leicht mit dem Stottern oder Poltern verwechselt werden.

Auch bei einer Dysarthrophonie besteht kein Zusammenhang mit den intellektuellen und kognitiven Leistungen.

Oftmals tritt diese Sprechstörung aber bei anderen primären Beeinträchtigungen auf, die durch plötzliche Ereignisse (z.B. Hirnverletzungen bei einem Unfall), fortschreitende Erkrankungen oder von Geburt an vorliegen.

Hilfen bei einer Dysarthrophonie

Bei Kindern mit einer Dysarthrophonie muss eine (außerschulische) funktionelle Sprachtherapie zur Rehabilitation der Atmung, der Stimme und der Artikulation durchgeführt werden. Im inklusiven Unterricht sind präventive Maßnahmen durch Anpassung der Arbeits-, Sozial- und Präsentationsformen möglich, die eine uneingeschränkte Teilhabe am Lerngeschehen und der Unterrichtskommunikation ermöglichen.

Unterstützte Kommunikation

Ist die Bewegungsfähigkeit des Kindes so stark eingeschränkt, dass eine lautsprachliche Kommunikation nicht möglich ist, sind alternative und kompensierende Wege der selbstbestimmten Verständigung notwendig. Die Aufgabe der Sonderpädagogen ist es dann, dem Kind *körpereigene „Kommunikationskanäle“* wie

Mimik, Gestik etc. oder die Schriftsprache aufzuzeigen und es darin zu unterstützen, alternativ verschiedene Symbolsysteme (Fotos, Zeichnungen, Schrift) zu nutzen. Neben diesen *nicht-elektronischen Materialien* stehen auch *elektronische Hilfen* wie Computer und einfach zu bedienende Aufnahmegeräte mit Sprachausgabe zur Verfügung. Diese alternativen Systeme der *Unterstützten Kommunikation* erfordern spezifische Qualifikationen der Sonderpädagogen. Verschiedene Fachverbände bieten dafür Fortbildungen und Beratung für Sonderpädagogen an (→ Kapitel 3.2.2). Der deutschsprachige Verband ISAAC-GSC (German Speaking Countries) des ISAAC (International Society for Augmentative and Alternative Communication) ist ein Netzwerk aus Wissenschaftlern, Therapeuten, Lehrkräften, aber auch Betroffenen und deren Angehörigen, das über Beratungsstellen Informationsbroschüren, Fortbildungen und Unterstützung in diesem Themenbereich für Sonderpädagogen und Lehrkräfte anbietet: www.isaac-online.de.

Boenisch, J., Bünk, C. (Hrsg.) (2001): Forschung und Praxis der Unterstützten Kommunikation. Loeper, Karlsruhe

ISAAC (2010): Handbuch der Unterstützten Kommunikation. Loeper, Karlsruhe

Kristen, U. (2002): Praxis Unterstützte Kommunikation. Bundesverband für körper- und mehrfachbehinderte Menschen, Düsseldorf

Mußmann, J. (2010): Pädagogische Arbeit mit assistiven Technologien und Unterstützter Kommunikation in der Schule – Beispiele einer Explorationsstudie und Impulse für die Praxis. Skript Verlag, Neuss

Sprechapraxie

Bei neuronalen Störungen, die zur Beeinträchtigung der Planung und Durchführung eines automatisierten Bewegungsablaufes der Sprechorgane, also der Zunge, der Lippen, des Kiefers usw., bei Lauten, Lautfolgen oder Satzteilen führen, spricht man von Sprechapraxien. Sprechapraxien können zusammen mit Dysarthrien oder Aphasien im Kindesalter bei Zerebralparesen auftreten. Die Kinder haben dann Probleme Laute gezielt isoliert zu bilden und ganze Wörter auszusprechen.

Kernsymptome der Sprechapraxien sind Lautauslassungen oder Lautersetzungen und artikulatorische Suchbewegungen, also das Suchen nach der richtigen Zungen- oder Mundstellung für einen bestimmten Laut (z. B. „Mmm... Ssss... Ball“).

Auch *Veränderungen der Sprechmelodie* und des Sprechrhythmus sind beobachtbar. Kinder mit einer Sprechapraxie können ähnlich wie beim Stottern eine *hohe Sprechanstrengung* zeigen, im Satz unpassende Pausen machen oder die Äußerung komplett abbrechen. Die Sprechapraxie ist eine sprachsystematische Störung, d.h. der muskuläre Ablauf der Sprechbewegung, das Sprechtempo und die Atmung sind nicht beeinträchtigt.

Kinder mit ausschließlich einer Sprechapraxie können daher Phasen der Spontansprache oder mit automatisierten Sätzen zeigen, in denen sie völlig unauffällig sprechen.

Hilfen bei einer Sprechapraxie im Unterricht

Eine gezielte, rehabilitative Intervention für Kinder mit Sprechapraxien umfasst sehr störungsspezifische und funktionelle Methoden, die nur schwer für eine nachhaltige Therapie in die Inhalte des inklusiven Unterrichts einzubinden sind. Aktuelle und erreichte Therapieziele können aber in der Unterrichtsplanung berücksichtigt werden, um die Übung und Motivation bei gelungenen artikulatorischen Bewegungsabläufen sicherzustellen. Es kommen dann *metasprachliche Strategien* zum Tragen (→ Kapitel 4.3.3), die Einsicht in die Komplexität und die Kombination von Sprechbewegungsabläufen und den phonologischen Aufbau von Wörtern und Sätzen geben.

Dysphonien

Ursachen

Stimmstörungen (Dysphonien) bei Kindern können *funktionelle oder organische Ursachen* haben. Bei funktionellen Stimmstörungen bestehen Unregelmäßigkeiten im Schwingungs- und Schließungsverhalten der Stimmlippen. Dann entstehen ein veränderter Stimmklang und eine geringere Stimmleistung. Die Stimme ist wenig belastbar und kann manchmal ganz wegbleiben, sie kann *rau und* gepresst oder *kraftlos und hauchig* klingen.

Funktionellen Stimmstörungen liegen noch keine organischen Veränderungen im Kehlkopf zugrunde, können aber dazu führen.

Funktionelle Dysphonien können durch einen zu intensiven und falschen Stimmeinsatz, eine ungünstige Körperhaltung, ungünstige stimmliche Vorbilder (Eltern, Bezugspersonen mit auffälligen Stimmen), aber auch durch eine familiär bedingte generelle Schwäche beim Stimmgebrauch oder infolge von Hörbeeinträchtigungen des Kindes entstehen. Je nachdem, ob mit zu wenig oder zu viel Spannung gesprochen wird, wird zwischen *hypo- und hyperfunktionellen Stimmstörungen* unterschieden.

hyperfunktionelle Stimmstörungen

Die hyperfunktionelle Stimmstörung kommt am häufigsten vor. Dabei klingt die Stimme *gepresst, rau und heiser.* Das Sprechen klingt angestrengt und die Stimme kann ganz verschwinden. Meist sprechen die Kinder zu schnell, manchmal auch undeutlich und eher laut.

hypofunktionelle Stimmstörung

Bei der hypofunktionellen Stimmstörung ist die Stimme *kraftlos, behaucht und heiser.* Oft sprechen die Kinder auch leise und undeutlich. Die gesamte Körperspannung ist eher schlaff.

Die hypofunktionelle Stimmstörung kann auch zusammen mit weiteren Störungen der Muskelfunktionen im Bereich der Artikulation auftreten (z. B. der im Lauf dieses Kapitels ebenfalls beschriebenen myofunktionelle Störung).

Näseln

Darüber hinaus kann sich bei der Unterfunktion des Gaumensegels (Velum) die Stimme auch nasal anhören (Näseln). Das sogenannte Näseln (Rhinophonie) kann organisch (z.B. bei Lähmungen des Gaumensegels, bei Lippen-Kiefer-Gaumen-Spalten) oder funktionell bedingt sein kann. Es wird zwischen offenem Näseln (beim Sprechen entweicht zu viel Luft durch die Nase, da das Gaumensegel nicht vollständig abdichtet), geschlossenem Näseln (es entweicht keine Luft durch die Nase) und gemischten Formen unterschieden.

Diagnostik durch HNO-Ärzte

Die genaue Diagnostik wird meist durch dafür ausgestattete Hals-Nasen-Ohren-Ärzte vorgenommen, die in der Regel außerschulische funktionelle Übungsbehandlungen durch Logopäden oder Sprachtherapeuten empfehlen.

Kinder mit einer Dysphonie im Unterricht

Wegen ihrer heiseren Stimme werden die Kinder mit einer Dysphonie von Mitschülern oft schlecht verstanden. Werden sie aufgefordert, lauter oder deutlicher zu sprechen, wenden sie oft noch mehr Sprechanstrengungen auf, die die Stimmbildung weiter belasten. Durch den heiseren oder rauen Stimmklang werden diese Schüler auch oftmals als aggressiver oder bedrohlicher von Schülern und Lehrkräften wahrgenommen, als sie selbst beabsichtigen. So kommt es auch oft zu Missverständnissen und Erwartungshaltungen, die die Kinder ausgrenzen und belasten können. Eine Reaktion darauf kann wiederum dauerhaftes Schweigen (Mutismus, wie vorher beschrieben) zur Folge haben. Die Kritik an ihrer Stimme und die Interaktionsstörungen können die Kinder mit einer Dysphonie auf die Person beziehen und dann tatsächlich mit auffälligem Verhalten, Aggressivität oder Rückzug reagieren. Diese Aspekte müssen bei der Beratung von Grundschullehrkräften transparent und erläutert werden (→ Kapitel 3.2.2).

Hilfen bei einer Dysphonie im Unterricht

Im Unterricht können spielerische *Entspannungsübungen und Rollenspiele zur Körperwahrnehmung und -spannung*, die für die gesamte Lerngruppe in verschiedene thematische Kontexte eingebunden werden können (z.B. Sportunterricht, Traumreise im Kunstunterricht), dem Kind mit einer Dysphonie helfen, eine ausgeglichene und bewusste Regulation von Bewegung und Haltung zu entwickeln. Auch *Übungen für die Schulter-, Hals- und Artikulationsmuskulatur* unterstützen das Kind, weil sich Überspannungen in diesem Bereich negativ auf die Kehlkopfmuskulatur auswirken. In sprachbezogenen Unterrichtsbezügen (z.B. Deutsch) können dem Kind Eigenschaften wie locker, weich, fest, hart, angestrengt, schlaff, kraftlos bewusst gemacht werden und auf Körperzustände und den Stimmgebrauch übertragen werden. *Übungen zur bewussten Atmung, zur Unterscheidung von Stimmklängen und Tönen sowie spezifische Stimmübungen* zur Modulation und mit einzelnen Lauten und Silben, die fester Bestandteil der sprachtherapeutischen Rehabilitation sind, können spielerisch in thematisch geeignete Unterrichtsphasen integriert werden.

Das Online-Material 4 listet einige Fragen für die Beratung von Grundschullehrkräften und Eltern von Schülern mit einer Dysphonie auf.

Myofunktionelle Störungen

phonetische Störung – Merkmale

Diese Sprechstörung ist eine phonetische Beeinträchtigung und häufig *verbunden mit Störungen des Schluckvorganges.* Sie ist gekennzeichnet durch Störungen der Muskelfunktion, des Muskeltonus oder/und der Koordination der Sprechwerkzeuge. Auch Bereiche der Kaumuskulatur, der mimischen Muskulatur und die Koordination im Mund-Rachen-Bereich können zu einer nicht physiologischen Zungenruhelage, einer nicht regelgerechten Artikulation und einem falschen Schluckmuster führen. Das falsche Schluckverhalten und das damit einhergehende Pressen der Zunge im vorderen Mundbereich kann im frühen Kindesalter zu Fehlstellungen der Zähne, Deformationen im Knochenwachstum des Kiefers, Spannungen und Schmerzen im Gesichtsbereich, Kiefergelenksbeschwerden, Missempfindungen in Mundraum und Hals („Kloß im Hals"), dem verspätetem Durchbruch der bleibenden Zähne oder Rückfällen (Rezidiven) nach Zahn- oder Kieferregulierung führen. Die *oftmals offene Mundstellung* und das sogenannte *Zungenpressen* führen im Bereich der Aussprache häufig zu Störung in der Produktion von Zischlauten und der Konsonanten, die im vorderen Bereich des Mundbereiches gebildet werden.

Störungen der Lautbildung

Bei einem falschen Schluckmuster bei einer myofunktionellen Störung werden häufig die Laute [s], [ʃ], [ç], [z], [t] ,[d], [l] und [n] fehlgebildet. Dabei drückt sich die Zunge beim Sprechen fälschlicherweise zwischen oder gegen die Zähne. Das bekannteste Beispiel ist das Lispeln (Sigmatismus).

Hilfen bei myofunktionellen Störungen im Unterricht

An der myofunktionellen Therapie sind HNO-Ärzte oder Kieferorthopäden und Logopäden beteiligt. Sie umfasst Maßnahmen der Kieferorthopädie (z.B. bei Zahn- und Kieferfehlstellung) und der Zahnmedizin (z.B. für bestimmte Prothesen, Zahnerhaltung, Kiefergelenkprobleme) und der Hals-Nasen-Ohren-Heilkunde (z.B. bei der Mundatmung). Für eine erfolgreiche Behandlung sind daher die Zusammenarbeit und der Informationsaustausch zwischen diesen verschiedenen Fachberufen notwendig und die Einsicht und Kenntnis der Notwendigkeit über diese Maßnahmen bei den Sonderpädagogen. Sprachtherapeutische Methoden und sonderpädagogische Unterstützung können sich in spielerisch umgesetzten Angeboten auch auf die Körperhaltung und -wahrnehmung und spezifischer auf Atem- *sowie Bewegungsübungen der Mund- und Zungenmuskulatur* beziehen.

Methodische Anregungen, die für die Einbindung in den Unterricht geeignet sind, finden sich bei:

Adams, I., Struck, V., Tillmanns-Karus, M. (2010): Kunterbunt rund um den Mund: Materialsammlung für die mundmotorische Übungsbehandlung. Borgmann, Dortmund

Überschneidungen und Bedingungen der Beeinträchtigungen der Sprache, des Lernens und des Verhaltens

Störungen der Sprache, des Sprechens, der Stimme und der Redefähigkeit können Beeinträchtigungen in der Entwicklung der kognitiven und sozial-emotionalen Fähigkeiten nach sich ziehen. Gleichermaßen können Sprachstörungen durch diese verursacht werden. Die Entwicklungsbereiche können sich gegenseitig aufrechterhalten oder verstärken. In der diagnostischen Beobachtung sind also stets Überschneidungen in den Entwicklungsbereichen des Lernens, sozialen Handelns und emotionalen Erlebens zu berücksichtigen. Diese Zusammenhänge führen jedoch nicht zu einer Nivellierung der Zielsetzung und Gegenstände der sonderpädagogischen Unterstützungsangebote, sondern zu ihrer Spezifizierung.

Kinder mit Sprachstörungen benötigen konzentrierte Lernangebote im jeweiligen sprachlichen Bereich. Der sprachliche Lernprozess gelingt jedoch nur in einer verlässlichen sozial-emotionalen Beziehung und mit einem gemeinsamen Lerngegenstand.

3 Handlungsfelder mit dem Förderschwerpunkt Sprache in inklusiven Settings

Förderschwerpunkt Sprache als spezialisierte Pädagogik

Der Förderschwerpunkt Sprache umfasst einen spezialisierten pädagogischen Reflexions- und Anwendungsbereich, der sich in verschiedenen Handlungsfeldern im inklusiven Bildungssystem wiederfinden kann. Je nach institutionellen Rahmenbedingungen, die von Bundesland zu Bundesland unterschiedlich sind, sind die direkten personenorientierten und die indirekten kontextorientierten Maßnahmen der sonderpädagogischen Bildungs-, Beratungs- und Unterstützungsangebote unterschiedlich gewichtet (Kultusministerkonferenz (KMK) 2011, 16).

Methoden aus der Sprachheilpädagogik

In allen Bundesländern besteht das Ziel, dass Kinder mit Sprachbeeinträchtigungen an Bildung und Erziehung teilhaben sollen, und sie haben daher Anspruch auf sonderpädagogische Unterstützung in Schule und Unterricht.

Sonderpädagogische Arbeit mit dem Förderschwerpunkt Sprache hat den übergeordneten, allgemeinpädagogischen Anspruch sprachlicher Bildung, jedoch unter den erschwerten Bedingungen individueller sprachlicher und kommunikativer Entwicklungsstörungen der Kinder.

Dafür zieht sie Konzepte und Methoden aus der spezialisierten Sprachheilpädagogik heran. Sie werden mit unterschiedlichen Schwerpunkt- und Zielsetzungen, die sich in der Störungs-, Individuums- und Kontextorientierung unterscheiden, im Bildungs-, Sozial- und Gesundheitssystem umgesetzt (→ Abbildung 6).

Bildung, Förderung, Therapie

Die verschiedenen rechtlichen Grundlagen in den unterschiedlichen Funktionssystemen der Gesellschaft (Empfehlungen der Kultusministerkonferenz, Schulgesetz, Sozialgesetzbuch, Empfehlungen der Krankenkassen) legen auch die unterschiedlichen Auftragslagen und legitimierten Berufsfachgruppen fest.

Während im Bildungssystem die Lehrkräfte mit dem Förderschwerpunkt Sprache einen Bildungsauftrag im Unterricht verfolgen, erfüllen die Sprachheilpädagogen neben den Logopäden und anderen sprachtherapeutischen Fachberufen im Gesundheitssystem als Heilmittelerbringer mit rehabilitativen und therapeutisch kompensatorischen Maßnahmen einen Heilauftrag.

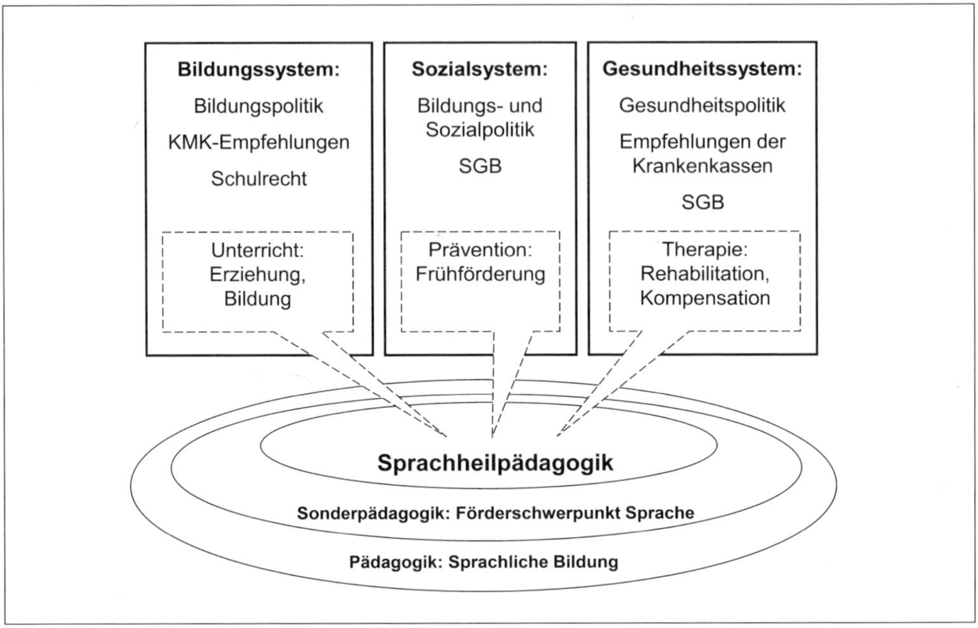

Abb. 6: Professioneller Kontext und Institutionalisierung des Förderschwerpunktes Sprache (vgl. Grohnfeldt/Ritterfeld 2005, 28)

Die sprachheilpädagogisch qualifizierten Pädagogen und Therapeuten können gleichermaßen im vorschulischen Bereich (Sozialsystem) zur *Diagnostik* und *Prävention* herangezogen werden. Gleichzeitig ist die *Kooperation* zwischen diesen Berufsgruppen der unterschiedlichen Handlungsfelder vorgesehen. Die „Vernetzung mit anderen Hilfesystemen wie zum Beispiel mit Partnern aus dem Bereich der Medizin, der Sozial- und Jugendhilfe" (KMK 2011, 17) gehört zu den Aufgaben der sonderpädagogischen Bildungs-, Beratungs- und Unterstützungsangebote. In allen Handlungsbereichen kommen *indirekte, kontextorientierte Maßnahmen* wie Beratung von Eltern und Fachkräften und direkte personenorientierte Maßnahmen zum Tragen. Die *direkten Maßnahmen* können im Rahmen gemeinsamer Unterrichtsgestaltung im Abbau und der Vermeidung von sprachlichen Barrieren liegen oder in der sprachspezifischen Intervention, deren Anlass die diagnostische, also systematische und valide Beobachtung der nicht erwartungsgemäßen Sprachentwicklung und -verwendung eines Kindes ist.

Bezugswissenschaften

In diesem Bereich sprachheilpädagogischer Interventionen fallen lerntheoretische Fragen der allgemeinen Pädagogik (sprachliche Bildung) und diagnostische Fragen der Patholinguistik und Medizin (Pädiatrie, Pädaudiologie, Hals-Nasen-Ohrenkunde) zusammen. Es bildet sich ein sprachheilpädagogisches Handlungsrepertoir, das diese Bezugswissenschaften übergreift. Während jedoch im Bereich der gesundheitlichen Rehabilitation die sprachtherapeutische und sonderpädagogische Forschung und Methodenentwicklung gemeinsame Wege gehen (vgl. Grohnfeldt 2010), gibt es bei Teilen der schulischen Praxis und Theorie Berührungsängste, sich mit spezifischen und systematischen sprachdiagnostischen Daten zu evidenten Sprach-, Sprech-, Stimm- oder Redestörungen für die fachdidaktische Planung adaptiven Unterrichts an Regelschulen auseinanderzusetzen. An sprachdiagnostischen Daten orientierte Maßnahmen sollen dem Gedanken des inklusiven Bildungssystems zuwiderlaufen, da sie durch die vorangegangene Diagnostik und die individualisierte Intervention exklusiver Experten (Therapeuten, Sonderpädagogen) Schüler mit Beeinträchtigungen pathologisieren, und damit bereits die diskriminierungsfreie Teilhabe an Bildung und Erziehung zu behindern drohen (vgl. z. B. Albrecht et al. 2000, 8; Preuss-Lausitz 2010).

Grohnfeldt, M. (Hrsg.) (2005): Lehrbuch der Sprachheilpädagogik und Logopädie. Band 1: Selbstverständnis und theoretische Grundlagen. 2. Aufl. Kohlhammer, Stuttgart

Welling, A. (2006): Einführung in die Sprachbehindertenpädagogik. Reinhardt, München/Basel

Veränderungen durch die KMK-Empfehlungen 2011

Mit der inklusiven Umstrukturierung der deutschen Schulsysteme in den Ländern ändern sich Aufgaben, Zuständigkeitsbereiche und Einsatzorte der Sonderpädagogen mit den bisher unterschiedenen Fachrichtungen. Diagnostische und beratende Aufgaben erhalten mit den am 20.10.2011 von der Kultusministerkonferenz beschlossenen Empfehlungen für die „Inklusive Bildung von Kindern und Jugendlichen mit Behinderungen“ in Schulen einen größeren Stellenwert: das *Identifizieren und Abbauen sprachlicher und kommunikativer Barrieren durch Beratung* der Regelschullehrkräfte, die gemeinsame Planung und Durchführung binnendifferenzierten Unterrichts für heterogene Lerngruppen, aber auch die Aufgaben in der direkten, subsidiären Unterstützung im Unterricht für einzelne Schüler.

Eine große Herausforderung wird die Überschneidung und Kooperation der bisherigen sonderpädagogischen Spezialisierungen sein. Für die schulischen Förderschwerpunkte wird durch den Wegfall ihrer institutionellen Entsprechungen in Form von separaten Schultypen die Möglichkeit bestehen, ihre gemeinsamen Zielsetzungen und Bezugswissenschaften für sprachliche, kognitive und sozial-emotionale Entwicklungsbereiche in der Unterstützung und Bildung von Menschen mit Störungen der Kommunikationsfähigkeit zu bündeln (→ Abbildung 7).

gemeinsamer Schwerpunkt

Der gemeinsame Schwerpunkt sonderpädagogischer Unterstützung mit unterschiedlichen Spezialisierungen auf sprachlich-kommunikative, sozial-emotionale und kognitiv-intellektuelle Entwicklungsbereiche liegt in der Identifikation und der direk-

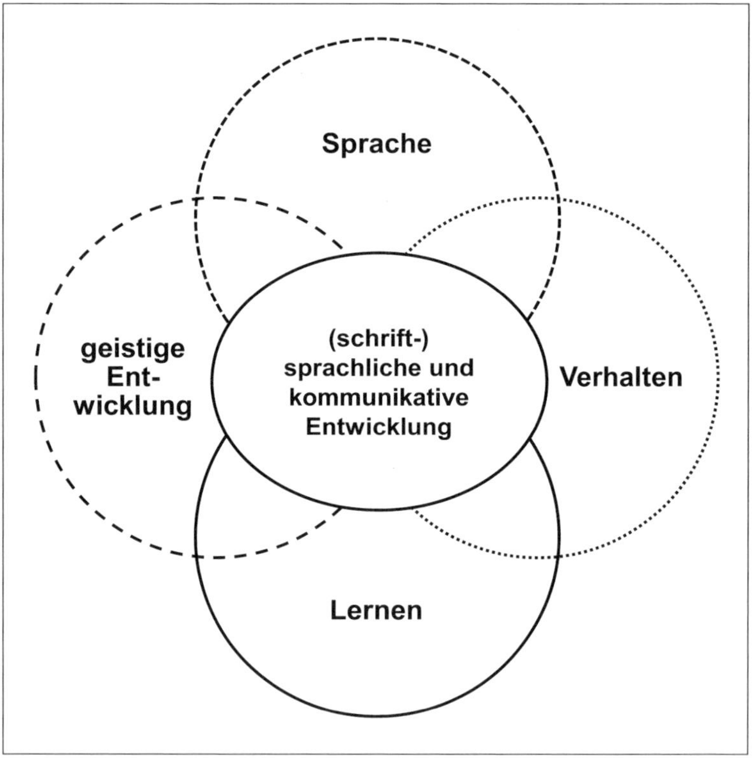

Abb. 7: Gemeinsames Handlungs- und Reflexionsfeld der Förderschwerpunkte

ten bzw. indirekten Bearbeitung von Behinderungen sowie in der Teilhabe von Schülern mit spezifischen Beeinträchtigungen.

Aufgaben des Förderschwerpunktes Sprache

Für Sonderpädagogen mit dem Förderschwerpunkt Sprache liegen die allgemeinen Aufgaben dann im Erkennen *(Diagnostik)*, Vermeiden *(Prävention)* und Beseitigen von sprachlichen, kognitiven und sozialen Barrieren im Unterricht und in der Schule durch:

1. **Beratung** (von Eltern, Regelschullehrkräften und Schulleitungen) und **Kooperation** (mit Regelschullehrkräften), auch zur Evaluation der in Punkt 2 und 3 aufgeführten Maßnahmen,
2. **Angebote zur sprachlichen Bildung und individuellen Förderung** im gemeinsamen Unterricht,
3. spezifische und individualisierte Angebote zur Einsicht und zur Übung erwartungsgemäßen Sprachgebrauches durch **sprachtherapeutische und rehabilitative Interventionen** im Unterricht.

sprachliche Barrieren

Barrieren für Schüler mit sprachlich-kommunikativen Beeinträchtigungen können in der Gestaltung konkreter Unterrichtsaufgaben, des physikalischen und (text-)grafischen Aufbaus von Lernmedien, in den Anforderungen bestimmter Sozial- und Arbeitsformen im Unterricht, der Erwartungshaltung von Mitschülern sowie Lehrkräften und deren sprachlichem und kommunikativem Handeln im Unterricht liegen. Die Systematik und die Merkmale solcher Barrieren werden in Kapitel 4.5 erläutert.

Mit den Konzepten und Methoden der Sonderpädagogik, die „Sprache, das Sprechen, das sprachliche und kommunikative Handeln [und] Kompetenzen im Umgang mit Beeinträchtigungen im Bereich Sprache“ zum Gegenstand haben (KMK 2011, 20), also der Sprachheilpädagogik oder Sprachbehindertenpädagogik, lassen sich die in Abbildung 8 beschriebenen Handlungsfelder systematisieren. Diese Handlungsfelder stellen gemäß der aktuellen KMK-Empfehlung die sonderpädagogischen Bildungs-, Beratungs- und Unterstützungsangebote dar mit dem Schwerpunkt der „Entwicklung des sprachlichen und kommunikativen Handelns“ (KMK 2011, 7). Die konkreten Maßnahmen in diesen Feldern werden in den folgenden Kapiteln näher erläutert.

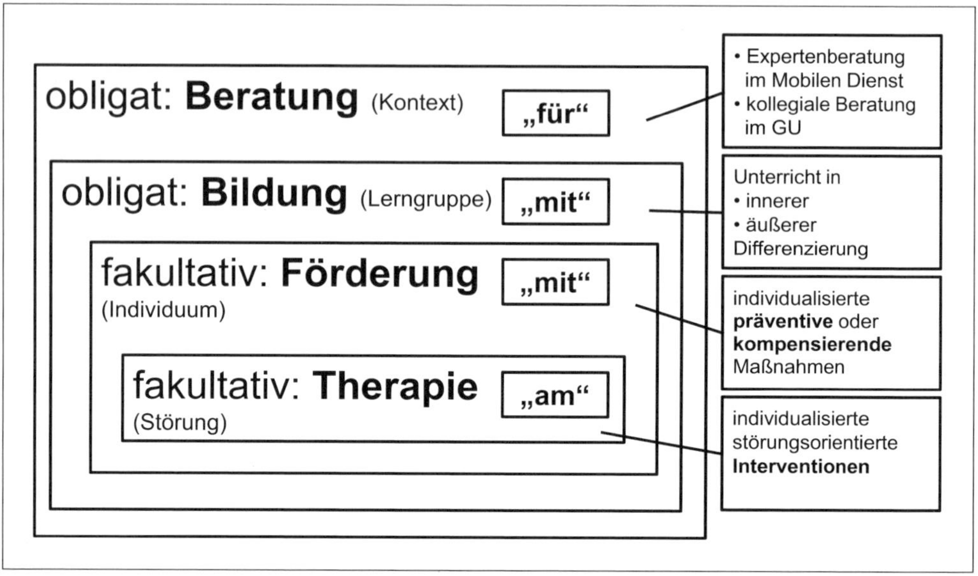

Abb. 8: Handlungsfelder mit dem Förderschwerpunkt Sprache

Handlungsfelder

Die Vermeidung und der Abbau sprachlicher, kognitiver und sozialer Barrieren werden in dieser Systematik als indirekte Förderung durch Beratung von Lehrkräften bezeichnet (Arbeit „für" das Kind). Ein entwicklungs- und lernförderlicher Kontext kann für Schüler auch geschaffen werden, indem im Beratungsgespräch deren Lehrkräfte angeregt werden, den Unterricht methodisch und didaktisch an die sprachlichen Fähigkeiten, Fertigkeiten und sprachspezifischen Lernbedürfnisse einzelner Schüler anzupassen. Dies geschieht je nach Organisationsform der Förderung als eine Form der Expertenberatung – der Sonderpädagoge mit dem Förderschwerpunkt Sprache berät als externer, mobiler Experte im Bedarfsfall – oder als eine *kollegiale Fallberatung* – der Sonderpädagoge mit dem Förderschwerpunkt Sprache plant den gemeinsamen Unterricht, führt ihn im Team mit dem Regelpädagogen aus, reflektiert und evaluiert ihn mit diesem.

Beratung als primäre Prävention

Die Beratung dient der Prävention „und Unterstützung in den allgemeinbildenden oder berufsbildenden Schulen" (KMK 2011, 15). Die Beratung von Lehrkräften, die auch Kinder mit Sprachbeeinträchtigungen unterrichten, stellt damit eine primäre Prävention als Förderung bestehender Ressourcen und Abbau von

Risikofaktoren dar (Kany/Schöler 2010, 248). Dies ist obligatorischer Bestandteil sonderpädagogischer Angebote an inklusiven Schulen (KMK 2011, 14).

sonderpädagogische Bildungsangebote als sekundäre Prävention

Der Sonderpädagoge mit dem Förderschwerpunkt Sprache kann sprach- und kommunikationsfördernden Unterricht zusammen mit einer Regelschullehrkraft im gemeinsamen Unterricht *(innere Differenzierung)* oder selbst für eine vorübergehend separate Lerngruppe in der inklusiven Schule *(äußere Differenzierung)* planen und durchführen, denn

> „inklusiver Unterricht beinhaltet Maßnahmen innerer und äußerer Differenzierung, um flexibel und angemessen auf die Erfordernisse der Lerngruppe [...] eingehen zu können, und schließt personelle Überlegungen für die Unterrichtsgestaltung mit ein" (KMK 2011, 9).

Das Handlungsfeld der sprachlichen Bildung richtet sich mit unspezifischen sprach- und kommunikationsfördernden Lernangeboten an alle Kinder der Lerngruppe. Es sollen im Unterricht methodische Rahmenbedingungen geschaffen werden, „die eine erfolgreiche Kommunikation für alle Beteiligten ermöglichen und sprachliches Lernen begünstigen" (KMK 1998, 12). Allgemeine Prinzipien dieser unterrichtsintegrierten Sprach- und Kommunikationsförderung für Schüler mit Sprachbeeinträchtigungen werden in Kapitel 4 erläutert.

Florin hat mit 7,6 Jahren die meisten altersgemäßen phonologischen Vereinfachungsprozesse noch nicht überwunden und zeigt konsequent verschiedene Aussprachestörungen. Die meisten in der hinteren Artikulationszone gebildeten Laute werden vorne gebildet: „k" wird zu „t", „g" wird zu „d", „ng" wird zu „n". Auditiv kann Florin „t" und „k", „g" und „d" sowie die meisten Reibelaute nicht unterscheiden. Damit Florin am gemeinsamen Unterricht teilnehmen kann, bekommt er speziell auf seine Bedürfnisse angepasste Aufgaben. Beispiel: Die Klasse bereitet den Besuch eines außerschulischen Lernortes nach. Im Rahmen der Unterrichtseinheit „Berufe" im Sachunterricht lernten die Schüler eine Tischlerei im Stadtteil der Schule kennen. Zielwörter der Impulsfrage „Welche Werkzeuge und Materialien habt ihr gesehen?" sind: „Nagel", „Zange", „Tisch", „Kette", „Werkzeugkiste". Florin wird im Sitzkreis bei der Aussprache der Zielwörter Schwierigkeiten haben. Daher werden vorher für alle Schüler Bildkarten mit den Abbildungen der Zielwörter ausgelegt, auf die auch Florin zeigen kann, während die Lehrkraft für alle Schüler das Zielwort modellhaft artikuliert. Andere Schüler werden aufgefordert, das Zielwort zur präsentierten Bildkarte selbst zu artikulieren. Diese kompensatorische Strategie setzt eine tolerante und kooperative Klassenatmosphäre voraus.

Förderung und Kompensation als sekundäre Prävention

Sobald Risikofaktoren für spezifische sprachliche oder kommunikative Barrieren durch Leistungsanforderungen, Arbeitsformen oder Medien für einzelne Schüler mit Sprachbeeinträchtigungen im Unterricht erkannt werden, müssen die sprachlichen Bildungsangebote individuell angepasst oder Maßnahmen der Kompensation oder alternative sprachlich-kommunikative Zugangs- und Ausdruckswege gefunden werden. Als sekundäre Prävention beginnt hier die individualisierte pädagogische Arbeit „mit“ dem Kind im inklusiven Unterricht als *sonderpädagogische Förderung* im eigentlichen Sinne, denn

„[u]m das gemeinsame Lernen an den Schulen zu ermöglichen, kann es erforderlich sein, den Unterricht zieldifferent zu organisieren" (KMK 2011, 15).

In einem Zwei-Pädagogen-Team wäre für Florin eine individualisierte Förderung als sekundäre Prävention zur „Überbrückung" der kurzzeitigen Behinderung im konkreten Lernprozess möglich. Dazu werden ihm von der Klassenlehrerin erweiterte oder alternative Kommunikationsmöglichkeiten angeboten, die in der vorangegangenen Planung vom Sonderpädagogen erarbeitet wurden. Im Sitzkreis sollen die Schüler Begriffe erraten. Florin erhält die Möglichkeit, die Unterrichtskommunikation aktiv mitzugestalten und darf durch Pantomime andere Schülerinnen und Schüler auffordern, Begriffe zu benennen und die entsprechenden Bildkarten zu zeigen. Der Sonderpädagoge „assistiert" ihm dabei und schlägt ihm flüsternd Begriffe mit kritischen Zielstrukturen vor oder kommentiert seine Auswahl und demonstriert dabei modellhaft Artikulationsort und -weise.

Intervention als tertiäre Prävention

Behindern erhebliche Verzögerungen oder Störungen der Entwicklung der Sprache, des Sprechens, der Stimme, der Redefähigkeit und damit der Kommunikationsfähigkeit insgesamt die Teilnahme am Unterricht trotz individualisierter Anpassung der Sozialformen, Medien, der Lehrersprache und der Leistungsanforderungen, ist eine *spezifische sprachtherapeutische Intervention* als Arbeit „am“ Problem notwendig. Als tertiäre Prävention hat diese störungsorientierte, individualisierte Maßnahme die Überwindung einer unmittelbaren Behinderung an der Teilhabe an einem konkreten Unterrichtsgeschehen zum Ziel. Sie setzt direkt am Problem der individuellen Beeinträchtigung der Aktivität des Schülers an. Diese

„sprachtherapeutischen Maßnahmen [können] erforderlich werden, [um] die Einsicht in erwartungsüblichen Sprachgebrauch [zu] vermitteln und in spezifisch strukturierten Lernsituationen Erprobung und Übung sprachlichen Handelns sichern" (KMK 1998, 8).

Eine tertiäre Prävention als individualisierte, störungsspezifische Intervention des Sonderpädagogen setzt ein Zwei- oder Mehr-Pädagogensystem im Unterricht voraus oder offene Unterrichtsformen, die ihm individuelle Zuwendung zu einzelnen Schülern ermöglicht.

Insbesondere für Florin wurde somit eine Phase zur Partnerarbeit eingeplant, in der ausgewählte Begriffe aus dem Wortfeld „Tischlerei" durch die verdeckten Bildkarten erneut erraten und aufgeschrieben werden sollen. Der Sonderpädagoge sortiert für Florin in seiner Partnerarbeit Abbildungen mit kritischen Zielstrukturen, u.a. „Kette". Florins Partnerin, Tiara, stößt auf die Abbildung des Wortes „Kette" und lässt es erraten. Florin erfasst den Begriff und sagt „Tette". Tiara lacht und widerspricht. Florin ist frustriert und will das Zielwort nicht mehr aufschreiben. Der Sonderpädagoge muss intervenieren. Er bietet den beiden ein kleines „Sprechspiel" an. Beide sollen mit dem Finger die Zungenspitze herunterdrücken (logopädische T-K-Methode) und damit einmal „t" und „Kette" sprechen. Dieses „Spiel" hat für Florin therapeutische Relevanz, da damit die dritte Artikulationszone trainiert wird. Tiara soll beschreiben, was sie dabei wahrnimmt, erlebt eine andere eigene Sprechweise trotz normalen Sprachwissens und entwickelt im besten Fall dabei Toleranz verbalsprachlicher Varietäten.

Eine nachhaltige Korrektur des sprachlichen Handelns, wie sie in der sprachrehabilitativen Heilbehandlung im Gesundheitssystem durch Sprachtherapeuten und Logopäden abgestrebt wird, soll hier im Unterrichtskontext direkt mit Bildungs- und Lernzielen verknüpft werden. Die Ermöglichung der Teilhabe an sprachlicher Bildung und Erziehung durch Beratung und individualisierte, ggf. zieldifferente Lernangebote stehen jedoch im Vordergrund (Mußmann 2012a). Daher sind inklusive und exklusive Maßnahmen schulischer Sprachtherapie fakultative Angebote, die im Bedarfsfall und situativ angemessen erforderlich werden können.

Diese spezifischen Techniken der schulischen Sprachtherapie (Welling 2006, 205) sind qualifizierten Fachkräften vorbehalten, in der Regel den Sonderpädagogen mit dem Förderschwerpunkt Sprache.

Die Umsetzung der einzelnen Techniken und Förderung der lautsprachlichen, Wortschatz- und grammatischen Entwicklung sowie der Artikulations-, Stotter-, Stimm-, Atem- und Schlucktherapie kann bei sinnvoller didaktischer Planung *situativ oder planvoll* in den Unterricht integriert werden. Ein sprachtherapeutisch orientierter Unterricht mit solchen Akzenten dient auch dem Transfer von sprachtherapeutisch orientierten Zielen, die außerhalb des Unterrichts, z.B. in der separaten Einzel- oder Kleingruppenarbeit in der Schule, erreicht wurden (Braun 2004). Das Spezifische an den sprachtherapeutisch orientierten Interventionen im schulischen Kontext liegt in der *Einbettung in die Unterrichtsinhalte und der Verbindung mit den Unterrichtszielen* (Bahr 2007, 360f.).

3.1 Unterrichtsintegrierte Sprachförderung

diagnosegeleiteter Prozess

Unterrichtsintegrierte Förderung des sprachlichen und kommunikativen Handelns von Schülern mit Sprachbeeinträchtigungen wird vor dem Hintergrund des individuell ermittelten Bedarfs an Unterstützung im Spracherwerbsprozess geplant und durchgeführt. Die Gestaltung des Unterrichts mit dem Förderschwerpunkt Sprache ist daher ein „diagnosegeleiteter Prozess“ (von Knebel 2007).

„Der Sprachlernort Schule fordert, sprachheilpädagogische Interventionen so zu gestalten, dass eine Passung zwischen den mit dem Curriculum verbundenen sprachlichen und sozialen Lernanforderungen, dem eingeschränkten sprachlichen Wissen und Können der Betroffenen und den unterrichtlichen Sprachlernhilfen hergestellt wird, damit neue sprachliche und kommunikative Kompetenzen erworben und schulische Leistungserwartungen erfüllt werden können“ (Romonath 2001, 161f.).

Konzepte im Förderschwerpunkt Sprache

Es ergeben sich verschiedene Konzepte und Methoden der schulischen Sprach- und Kommunikationsförderung, für die bisher diverse Begriffe geprägt worden sind wie beispielsweise:

- Pädotherapeutische Akzente (Orthmann 1977).
- Sprachtherapeutischer Unterricht (Braun 2004).
- Therapieimmanenz (Werner 1975).
- Therapieorientierter Klassenunterricht (Kalkowski 1987).
- Entwicklungsorientierte Sprachförderung im Unterricht (Trossbach-Neuner 1997).
- Sprach- und kommunikationsfördernder Unterricht (Lütje-Klose 1997; Baumgartner 1997).
- Sprachheilpädagogischer Unterricht (Reber/Schönauer-Schneider 2011).

> „Eine Übereinstimmung im Sinne eines Minimalkonsenses scheint dabei nur über den spezifischen Aufgabenkanon der Schule für Sprachbehinderte – nämlich die Verknüpfung von Unterricht und Therapie – zu bestehen. [...] [E]ine rein additive Aneinanderreihung beider Strukturelemente wird allgemein als unzureichend abgelehnt" (Kalkowski 1987, 110).

Grundsätzlich geht es um die „Verbindungsstrukturen" (Werner 1995, 111) von Unterricht mit spezifischen Interventionstechniken, die zur Unterstützung des sprachbeeinträchtigten Schülers als notwendig erachtet werden. Diese Strukturen werden als *isoliert, additiv, integriert* oder *immanent* beschrieben.

Isolation

Eine isolierte Konzeption entspricht der Sprachtherapie durch medizinische Heilmittelerbringer mit separaten Methoden und Zielen. Eine Einbindung von Unterrichtszielen und -inhalten findet hierbei nicht statt.

Addition

„Additive Sprachtherapie findet im gleichen räumlichen und zeitlichen Rahmen statt; dabei werden allgemein bildende sprachtherapeutisch wirksame Unterrichtsinhalte hinzugefügt [...]" (Braun et al. 1980, 9). Eine direkte Kooperation zwischen den Fachkräften für Unterricht und die sprachtherapeutische Arbeit finden hier jedoch nicht statt. Der Schüler wird für den Zeitraum der Therapie vom Lern- und Bildungsprozess im Unterricht separiert (Braun et al. 1980, 9; *Pull-out-Modell*).

Im additiven Verhältnis haben sonderpädagogische Bildungsangebote und sprachspezifische Interventionen unterschiedliche Methoden und Ziele.

Integration

„Integrierte Sprachtherapie bündelt durch methodische Maßnahmen allgemeinbildende und sprachtherapeutisch wirksame Inhalte" (Braun et al. 1980, 9), indem einzelne technische Elemente und Methoden der störungsspezifischen Intervention in das Unterrichtsgeschehen eingeplant oder situativ und bedarfsorientiert eingebracht werden. Die „Bausteine sprachheilpädagogischen Unterrichts" nach Reber/Schönauer-Schneider (2011) stellen dafür ein Beispiel dar.

Im integrierten Verhältnis haben sonderpädagogische Bildungsangebote und sprachspezifische Interventionen nach Möglichkeit gemeinsame Methoden, aber unterschiedliche Ziele.

Immanenz

„Bei immanenter Sprachtherapie liegt die sprachtherapeutische Wirkung des Unterrichts im Unterrichtsgegenstand selbst begründet“ (Braun et al. 1980, 9). Spezifische sprachliche und kommunikative Lernangebote erhalten für vorher bestimmte Schüler eine therapeutische Relevanz, während sie für andere curricular begründete Bildungs- und Erziehungsziele im Unterricht darstellen. „Therapieimmanenz bedeutet, dass über unterrichtliche Inhalte selbst ein Bezug zum sprachlichen Problem entsteht; die sprachliche Beeinträchtigung wird sozusagen über die Beschäftigung mit dem Inhalt therapeutisch angegangen“ (Bahr 2007, 360).

Bei einem immanenten Verhältnis haben sonderpädagogische Bildungsangebote und sprachspezifische Interventionen gemeinsame Methoden und Ziele.

3.1.1 Allgemeine Prinzipien und Methoden

Voraussetzungen der Grundschulkinder

Pädagogische Förderung des Spracherwerbs beginnt nicht erst in der Grundschule. Lehrkräfte und Sonderpädagogen müssen daher Einblick in die Struktur und Zielsetzung vorangegangener Maßnahmen erhalten, um daran anschließen zu können. Fördermaßnahmen, die spezifisch auf unterschiedliche Entwicklungsbereiche der Sprache ausgerichtet sind, müssen im Vorschulalter mit dem Ziel der Prävention von Verzögerungen und Störungen der Sprachentwicklung beginnen. Pädagogische Fachkräfte in den Kindergärten verfügen hier bereits oft über ein breites Wissen zur Förderung des kindlichen Sprachbewusstseins und sozial-emotionaler und kommunikativ-pragmatischer Fähigkeiten.

Kinder, die die Grundschule besuchen werden, sollen bereits im Vorschulalter Freude am Sprechen im Dialog entwickelt haben. Sie sollen gelernt haben,

- aktiv zuzuhören,
- nachzufragen und zu diskutieren,
- mit Sprache Sichtweisen anderer verändern zu können,
- ihre Gedanken und Gefühle differenziert mitzuteilen,
- Interesse an der Muttersprache und anderen Sprachen zu entwickeln,
- Interesse zu entwickeln, den eigenen Wortschatz aktiv zu erweitern,
- Motivation zu entwickeln, Probleme und Aufgaben sprachlich auszudrücken,
- Zusammenhänge und Abfolgen sprachlich auszudrücken und

- Körpersprache, Mimik und Sprechmelodie wirksam einzusetzen (Hessisches Sozialministerium 2007, 69f.).

- Aktives Zuhören: Die Lehrkraft signalisiert mit Blickkontakt für die Dauer der kindlichen Äußerung und nonverbalen Hinweisen wie bestätigendem Nicken die ungeteilte Aufmerksamkeit für die Aussage.
- Nachfragen und Diskutieren: W-Fragen können sowohl für die Lehrkraft als auch die Schüler zeitaufwendig und anstrengend sein, fordern aber durch die erforderlichen Begründungen („weil") komplexe Satzstrukturen, z. B. Nebensatzkonstruktionen mit subordinierenden Konjunktionen heraus.
- Sichtweisen ändern: Das Schlichtungsgespräch oder der Klassenrat erfordert durch die Zielsetzung und Rollenverteilung die Perspektivenübernahme und damit auch den emotionalen und kognitiven Nachvollzug sprachlicher Darstellungen anderer. Die Sprache muss dem Partner angepasst werden.
- Gedanken und Gefühle mitteilen: Sprache ordnet mit Wortfeldern, Ober- und Unterbegriffen das eigene Denken, kann kausale Zusammenhänge verständlich machen und sich auf nicht sichtbares Vergangenes, Zukünftiges oder Mögliches beziehen.
- Interesse an Sprachen entwickeln: Die russische „Vorlese-Oma" in den großen Pausen oder der polnische Metzger im Sachunterricht beim Thema „Berufe" können mehr Wertschätzung anderer Muttersprachen in einer Klasse darstellen als das erzwungene, willkürliche „Übersetzen lassen" von Begriffen während des Unterrichts („Juri, wie sagt man dazu bei euch?").
- Interesse an der Wortschatzentwicklung: Begriffe lassen sich nach sprachlichen, aber auch ganz subjektiven Merkmalen ordnen und unterscheiden. Diese Einsicht kann neugierig machen auf die Bezeichnung unbekannter Objekte und Sachverhalte in der kindlichen Lebenswelt.
- Probleme und Aufgaben ausdrücken: Durch Tempusformen und Konjunktionen lassen sich Absichten, Vorhaben ausdrücken, bevor sie begonnen haben.
- Zusammenhänge und Abfolgen ausdrücken: Handlungsfolgen und ihre kausale Reihenfolge auszudrücken sind Grundformen der sich noch entwickelnden Erzählfähigkeit.
- Körpersprache, Mimik und Sprechmelodie einsetzen: Diese non- und paraverbalen Ausdrucksformen können verbale Ausdrucksschwierigkeiten vorübergehend kompensieren, aber auch Äußerungsabsichten unterstreichen. Sprechmelodie, also Akzentuierung und Betonung von Silben, sind wichtige Funktionen für die Wortbedeutungsentwicklung.

Auch in der Förderung von Kindern mit Sprachentwicklungsstörungen im Schulalter sind dies allgemeine und durchgängige Grundprinzipien für die Gestaltung von sprachspezifischen Lern- und Entwicklungsangeboten. In Kapitel 2 wurden sie spracherwerbstheoretisch begründet. Die Entwicklungen dieser Fähigkeiten und Fertigkeiten werden unterstützt durch

- die Schaffung einer **vertrauensvollen Kommunikationssituation** durch verlässliches Kommunikationsverhalten der Lehrkräfte,
- die Gestaltung regelmäßig wiederkehrender, Vertrauen und Berechenbarkeit schaffender Handlungs- und Gesprächssituationen **(Formate),**
- die Gelegenheit zur **Übernahme verschiedener Gesprächsrollen** und -verantwortlichkeiten,
- **problemlösende Gespräche** und Diskussionen,
- Anregung zur **Reflexion über Sprache** mit Bilderbüchern, Sprachspielen und -rätseln oder Liedern und die Lehrkraft als sprachliches Vorbild.

Mußmann, J. (2006): Kognitions- und selbstpsychologische Aspekte eines sprach- und kommunikationsfördernden Unterrichts. In: Bahr, R., Iven, C. (Hrsg.): Sprache Emotion Bewusstheit. Beiträge zur Sprachtherapie in Schule, Praxis, Klinik. Schulz-Kirchner, Idstein, 518–525

3.1.2 Spezifische Interventionsformen

Die spezifischen Interventionsformen im Unterricht mit dem Förderschwerpunkt Sprache sind Methoden und Techniken, die unmittelbar eine „Sprech- oder Formulierungskrise" (Homburg 1983, 119) im Unterrichtsgeschehen zum Anlass haben. Sie orientieren sich an der Form und der Struktur der Beeinträchtigung im sprachlichen und kommunikativen Handeln und haben den Abbau der Behinderung an der unmittelbaren Teilhabe am Unterrichtsgeschehen zum Ziel. Verfahren und Zielsetzung entsprechen den Methoden der Sprachtherapie im Gesundheitssystem z.B. durch Logopäden oder Sprachtherapeuten, wo sie jedoch als rehabilitative Heilbehandlung auf eine nachhaltige Verbesserung oder Korrektur der eingeschränkten sprachlichen Handlungsfähigkeit abzielen. Diese Aufgabe kann in vorübergehenden separaten Settings (→ Kapitel 4) auch durch spezialisierte Sonderpädagogen im Rahmen des inklusiven Auftrags sonderpädagogischer Bildungs-, Beratungs- und Unterstützungsangebote übernommen werden.

Ansatzpunkte der Interventionen

Orientiert an der Struktur der Sprache als Medium schulischen Lernens, sozialen Handelns und emotionalen Erlebens der Schüler mit Sprachbeeinträchtigungen setzen spezifische Interventionsmaßnahmen an der Entwicklung der Lautproduktion

(Phonetik), der Lautverwendung *(Phonologie)*, des aktiven Wortschatzes *(Lexikon)* und des Wortbedeutungswissens *(Semantik)*, Wortverwendung *(Morphologie)* und Satzproduktion *(Syntax)* sowie der dafür erforderlichen stimmlichen *(Prosodie)* und dialogischen Aspekte *(Kommunikation und Pragmatik)*.

Besonders günstige Lern- und Entwicklungsbedingungen für die Sprache und das Sprechen stellt der positive soziale Kontakt mit Personen her, die den Kindern wichtig sind bei Themen, die ihre eigenen Interessen berühren und mit Handlungen, die für sie individuellen Sinn ergeben.

- **Kognitive** (was kennt das Kind über das Bezeichnete und über Sprache?),
- **sozial-emotionale** (was und wen mag das Kind?),
- **äußere institutionell-kommunikative** (wo und zu wem spricht das Kind?) und
- **lebensweltliche Bedingungen** (wie und wo lebt das Kind?)

sind bei der diagnostischen Beschreibung und Beurteilung der sprachlichen Fähigkeiten und Fertigkeiten und als Ansatzpunkt für die Gestaltung sonderpädagogischer Bildungs-, Beratungs- und Unterstützungsangebote notwendig. Neben den kognitiven und motivierenden sozialen und emotionalen Bedingungen für den Spracherwerb sind aber ebenso spezifische sprachliche Hinweisreize notwendig, die die Kinder zur sprachlichen Regelbildung anregen und Einsicht in erwartungsgemäßes sprachliches Handeln unterstützen (vgl. KMK 1998, 230).

Abbildung 9 veranschaulicht die Ebenen der Struktur sprachlichen Handelns, die verbalsprachlichen Modalitäten und ihre tragenden und vorausgehenden kognitiven und sozial-emotionalen Bedingungen, die Ansatzpunkte und Kriterien liefern für sonderpädagogische Bildungs-, Beratungs- und Unterstützungsangebote im Unterricht und unterrichtsbegleitende Maßnahmen (Mußmann 2012a). Die institutionellen Settings, die unterrichtlichen Sozialformen sowie die in den Unterricht integrierbaren Methoden, Techniken und Medien werden in Kapitel 4 erläutert.

Ebene / Modalität	*phonetisch-phonologisch*	*semantisch-lexikalisch*	*syntaktisch-morphologisch*	*kommunikativ-pragmatisch*	*prosodisch*
Äußerungen produzieren	Laute regelgerecht produzieren können	Wörter mit adäquater Bedeutung sagen können	Sätze grammatikalisch regelgerecht sagen können	wirksam ein Gespräch führen können	Betonung, Pausierung etc.
Äußerungen verstehen	Laute unterscheiden können	beabsichtigte Bedeutung von Wörtern verstehen	Grammatik von Sätzen verstehen können	Gesprächsthemen erkennen und Sprechakte verstehen	Betonung etc. verstehen

Kognitive Qualität der Sprachverwendung:
Z.B. Wissen über die spezifischen kulturellen Inhalte der Lebenswelt; abstraktes Denken über abwesende, mögliche oder vergangene Sachverhalte; Bewusstsein über Sprachstruktur

Sozial-emotionale Fähigkeiten der Sprachverwendung:
Z.B. Sprachverwendung am Gesprächspartner, sich an seinen Interessen und Bedürfnissen orientieren können; Mut haben, Meinungen zu äußern; Selbstvertrauen, mit der Äußerung etwas erreichen zu können; diskutieren, argumentieren können; Themen initiieren und fortsetzen können

Kommunikative Fähigkeiten:
Z.B. sprachlichen Ausdruck, Thema und Gesprächskontrolle an unterschiedliche Situationen anpassen können; implizite Gesprächsregeln erkennen und einhalten können

Abb. 9: Ebenen und Modalitäten sprachlicher und sprachbegleitender Fähigkeiten

3.2 Beratung und Kooperation

Spracherwerb und soziale Faktoren

Der Spracherwerb des Kindes stellt sich als individuelle Interaktionen zwischen inneren kognitiven, emotionalen und angeborenen Faktoren sowie äußeren unspezifischen sozialen und spezifischen sprachlichen Faktoren dar (→ Kapitel 2.1). Demzufolge richten sich auch die pädagogischen und sonderpädagogischen Bildungs- und Unterstützungsangebote für Kinder mit Beeinträchtigungen in der Sprachentwicklung an die komplexen Entwicklungsbedingungen, die sich auf die soziale, kulturelle, familiäre und schulisch-institutionelle Lebenswelt des Kindes verteilen.

Beteiligung der Eltern

Die Beteiligung der Eltern an der Planung und Gestaltung der sonderpädagogischen Bildungs- und Unterstützungsangebote für Kinder mit Sprachbeeinträchtigungen ist daher notwendig. Sie geben Einblick in die individuelle Lebenswelt der Kinder und stellen eine sprachförderliche Ressource im Alltag des Kindes dar. Gleichzeitig müssen sie aber auch fachlich informiert und beraten werden über die ihr Kind hemmenden Entwicklungsbedingungen im häuslichen Umfeld, um weitere Risikofaktoren in der

Sprachentwicklung und -rehabilitation des Kindes zu vermeiden und nicht zuletzt, um die sprachtherapeutische Diagnose bei massiven Sprachentwicklungsstörungen zu verarbeiten (Ritterfeld 2007, 925).

Werden im schulischen Kontext die Lern- und Entwicklungsbedingungen im Unterricht nicht in einem dafür vorgesehen institutionellen Rahmen (Kleinklasse in der Grundschule oder im Förderzentrum) vom Sonderpädagogen selbst gestaltet, muss er die Regelschullehrkräfte bei dieser Aufgabe beraten oder mit ihnen zusammenarbeiten.

Beratung und Kooperation mit Eltern und Lehrkräften gehören damit zum obligatorischen Aufgabenfeld der Sonderpädagogen in der inklusiven Schule.

Beratung und Kooperation mit anderen Fachkräften dienen der Begleitung der sonderpädagogischen Unterstützungsangebote und „der Vorbeugung und Unterstützung in den allgemeinbildenden und berufsbildenden Schulen" (KMK 2011, 15).

Merkmale des Beraters

Als unterstützend empfundene Beratungsgespräche setzen nicht nur bei allen Beteiligten Kooperationsbereitschaft voraus, sondern auch spezifische soziale Fähigkeiten sowie Gestaltungs- und Methodenkompetenz auf der Seite des Beraters. Als zentrale Merkmale werden oftmals mit Bezug auf Rogers (2004) die Authentizität, das einfühlende, nicht bewertende Verstehen und die Haltung der grundsätzlichen Wertschätzung genannt.

selektive Authentizität

Das Merkmal der Echtheit gilt in der Beratung nur eingeschränkt.

Selektive Authentizität soll vermeiden helfen, die einzelnen Ebenen des Beratungsgesprächs mit allzu viel Offenheit zu belasten.

Der Beratende wird zu Sachverhalten subjektive Affekte und eine persönliche Meinung entwickeln, die für den Ratsuchenden aber irrelevant sein können. Cohn formuliert diese Prämisse für ihr Konzept der Themenzentrierten Interaktion wie folgt:

„Nicht alles, was echt ist, will ich sagen, doch was ich sage, soll echt sein" (Cohn 1979 zit. n. Schulz von Thun 1998, 120).

So können auch offene oder subtile Konkurrenzverhältnisse oder Rivalitäten zwischen den Kollegen zur Selbstoffenbarungsangst führen und die Authentizität ganz verhindern. Diese Gefahr besteht bei Sonderpädagogen, die Mitglied des Kollegiums einer Regelschule sind eher als bei externen Beratern.

einfühlendes Verstehen

Das Merkmal des einfühlenden, nicht bewertenden oder allparteilichen Verstehens zeichnet sich durch *aktives Zuhören, Paraphrasieren* der Kernaussagen des Beratungsnehmers und das *Verbalisieren emotionaler Erlebnisinhalte* durch den Berater aus. Das Ziel dabei ist, das Verstehen zu signalisieren. Dazu wird mit eigenen Worten wiederholt, was der andere gesagt hat. Dies kann durch nonverbale Handlungen (Blickkontakt, Gesten) unterstützt werden. Übermäßige, stimmhafte Rückmeldungen wie das „therapeutische Grunzen" (Schlee 2008, 132) sollten vermieden und Bewertungen ausgeschlossen werden.

Paraphrasieren

- „Sie meinen also (...)?"
- „Habe ich Sie richtig verstanden, dass (...)?"
- „Sie sagen, dass Sören stottert. Und wenn er sich meldet, sind Sie immer angespannt."

Wiedergeben emotionaler Erlebnisinhalte

- „Tugma schweigt immer. Das nervt Sie."
- „Es macht Sie wütend, wenn, Haluk andere immer unterbricht."
- „Immer wenn Sören sich meldet, haben Sie ein ungutes Gefühl."

Im Beratungsgespräch sollte der Berater persönliche Wertungen, Abneigung von Interpretationen des Beratungsnehmers („Wie kommen Sie denn auf die Idee?") oder als missbilligend interpretierbare Aussagen („Was haben Sie sich denn dabei gedacht?") ausschließen. Der Beratungsnehmer soll sich durch die stimmliche, mimische und gestische Gestaltung des Beraters angenommen fühlen. Wertschätzung und Akzeptanz kann erzeugt werden, indem Verbundenheit und Verständnis signalisiert werden („Das kenne ich auch ...").

Mutzeck, W. (2005): Kooperative Beratung. Beltz, Weinheim

Ritterfeld, U. (2007): Elternpartizipation. In: Schöler, H., Welling, A. (Hrsg.): Sonderpädagogik der Sprache. Hogrefe, Göttingen, 922–952

Schlee, J. (2008): Kollegiale Beratung und Supervision für pädagogische Berufe. Hilfe zur Selbsthilfe, ein Arbeitsbuch. Kohlhammer, Stuttgart

3.2.1 Elternberatung und Elternpartizipation

Die direkte und indirekte Beteiligung an der Planung und Gestaltung sprachheilpädagogischer Bildungs- und Unterstützungsangebote im inklusiven Unterricht hat je nach Zielsetzung und Rolle der Eltern unterschiedliche Bezeichnungen.

Definition:

Elternberatung und **Elternbildung** umfassen die Vermittlung von fachlichen Informationen, die Entscheidungshilfe hinsichtlich der Unterstützungsangebote sowie Orientierung und Hilfe bei der Bewältigung von belastenden Problemlagen.

Die **Elternarbeit** und das **Elterntraining** beinhalten die Anleitung der Eltern zu bewusstem und gezieltem sprach- und kommunikationsförderndem Verhalten gegenüber ihren Kindern, Sensibilität für Bewältigungs- und Vermeidungsstrategien der Kinder und ihren sprachspezifischen Entwicklungsverläufen.

Einen guten Überblick über verschiedene Programme der Elterntrainings und Beratungskonzepte, die sprachtherapeutische Maßnahmen begleiten oder die familiären Interaktionen allgemein verbessern sollen, bietet:

Rodrian, B. (2009): Elterntraining Sprachförderung. Handreichung für Lehrer, Erzieher und Sprachtherapeuten. Reinhardt, München

Einzel- und Gruppengespräche

Elternberatung und die Beteiligung der Eltern an der Gestaltung von Fördermaßnahmen erfolgt in der Regel in persönlichen Einzel- oder Gruppengesprächen. In der Grundschule bieten sich dafür die *Elternabende* an. Sie erfordern von der beratenden Lehrperson die gleichen spezifischen sozialen Fähigkeiten und Kompetenzen zur Gesprächsvorbereitung und -führung wie in der Kooperation mit anderen Lehrkräften.

übergreifende Aufgaben des Elterngespräches

Mit Bezug auf Johannsen/Schulze (1993) führt Rodrian (2009) folgende übergreifende Aufgaben in diesen Elterngesprächen auf:

Informationen zum Problem

Die Eltern sollen über die möglichen Ursachen, Entstehungsbedingungen und Verläufe von sprachlichen Beeinträchtigungen, die Phänomene der eingeschränkten sprachlichen Handlungsfähigkeit und die Problemlagen in unterschiedlichen Unterrichtssituationen informiert werden.

Einschlägige Fachverbände weisen auf ihren Internetpräsenzen auf günstige oder kostenlose Informationsbroschüre für die Elternberatung hin:

Deutsche Gesellschaft für Sprachheilpädagogik e.V.: www.dgs-ev.de (10.06.2012)

Deutscher Bundesverband akademischer Sprachtherapeuten e.V.: www.dbs-ev.de (10.06.2012)

Deutscher Bundesverband für Logopädie e.V.: www.dbl-ev.de (10.06.2012)

Informationen zu Hilfsangeboten

Die Eltern sollen über die methodischen Möglichkeiten der sonderpädagogischen Unterstützungsangebote im Unterricht sowie die außerschulischen Angebote (Sprachtherapeuten, ggf. Selbsthilfegruppen) informiert werden.

Die oben genannten Fachverbände bieten auch Verzeichnisse für schulische Beratungsstellen für Eltern sprachbeeinträchtigter Kinder, Sprachtherapeuten und Logopäden an. Insbesondere für stotternde Menschen bietet die Bundesvereinigung Stotterer-Selbsthilfe e.V. ein umfangreiches Informationsangebot auf ihrer Internetseite: www.bvss.de (10.06.2012)

Entlastung

Eltern, deren Kinder Schwierigkeiten im Spracherwerb zeigen, können einem sozialen Druck ausgesetzt sein. Im Laienverständnis werden Sprachbeeinträchtigungen oftmals mit dem Erziehungsstil in Verbindung gebracht. Diese populäre Auffassung zeigt sich z.B. deutlich bei der filmischen Darstellung von stotternden Menschen mit erziehungsbedingten Autonomiekonflikten und Selbstwertstörungen. Auch grammatische Auffälligkeiten werden von Eltern schnell mit intellektuellen und allgemeinen Entwicklungsrückständen in Verbindung gebracht. „Dies ist insofern nachvollziehbar, als Sprache den unmittelbarsten Eindruck in das Denken eines Kindes erlaubt" (Ritterfeld 2007, 930). Sprachauffälligkeiten werden auch oft als Merkmal einer allgemein eingeschränkten Kommunikationsweise der gesamten Familie dargestellt.

Schuldzuweisungen

Solche empfundenen Schuldzuweisungen stellen für die Eltern eine hohe Belastung dar und beeinträchtigen auch die schulischen Fördermaßnahmen, da „wertvolle psychische Ressourcen" angezogen werden (Ritterfeld 2007, 942), die für die Förderdiagnostik im Rahmen der Kind-Umfeld-Analyse und familiäre Unterstützung bei der Förderung des Kindes hilfreich sein können.

Die zentrale Botschaft an die Eltern in der Beratung fasst Ritterfeld (2007, 942) zusammen: „Sie haben keine Schuld! Aber Sie können ihrem Kind helfen!"

Verhaltensänderung

Die kindliche Sprachentwicklung vollzieht sich in der Interaktion von emotionaler und kognitiver Entwicklung, damit zusammenhängenden sprachlichen Verarbeitungsfähigkeiten und dem sprachlichen Angebot der Bezugspersonen. Die an *das Kind gerichtete Sprache* (KGS, vgl. Klann-Delius 2002) wird im Idealfall intuitiv so an den Entwicklungsstand angepasst (*Fine-Tuning*, Bruner 2002), dass sprachliche Lernchancen entstehen (Papoušek/Papoušek 1989). Durch eine unzureichende Passung wird das Entwicklungspotenzial nicht ausgeschöpft. Die Kinder bleiben hinter ihrer Entwicklung zurück und benötigen diese Unterstützung weiterhin im Grundschulalter (Ritterfeld 2007). Die Eltern können dann auf sprachentwicklungs- und kommunikationsförderliches Verhalten und unterstützende Strategien aufmerksam gemacht werden. Grundsätzlich sollen Eltern dafür sensibilisiert werden, in welchen zahlreichen Alltagssituation sie sich mit dem Kind verbalsprachlich oder schriftlich auseinandersetzen und wie sie die Wahrnehmung der symbolischen Sprache aktiv unterstützen und motivieren können. Füssenich et al. (2009) listen wichtige Verhaltensweisen auf, die selbstverständlich erscheinen. Aber gerade weil sie für viele Eltern zur Routine gehören, werden sie nicht mehr bewusst mit ihrem Kind inszeniert oder hervorgehoben. Ebenso wenig wird erkannt, wenn sie in Vergessenheit geraten.

Verhaltensweisen *nach Füssenich et al. (2009):*

- *Eltern sollen aufmerksam und zugewandt mit ihrem Kind sprechen.*
- *Sie sollten geduldig und aktiv zuhören.*
- *Fragen des Kindes sollen beantwortet werden.*
- *Störquellen (Fernseher, Radio etc.) sollen im aufmerksamen Gespräch mit dem Kind ausgeschaltet sein.*
- *Handlungen des Kindes oder gemeinsame Handlungen (z. B. Einkaufszettel schreiben) können sprachlich begleitet werden („Du nimmst die Teller und stellst sie auf den Tisch, das gefällt mir!", „Wir brauchen Brot, Milch, Käse. Das schreibe ich auf.")*
- *Auf gemeinsamen Wegen (z. B. zum Supermarkt) können sich Eltern und Kind gegenseitig sprachlich auf Interessantes oder Verstecktes in der Umgebung aufmerksam machen (z. B. „Ich sehe was, was du nicht siehst!").*
- *Beim gemeinsamen Einkauf bieten sich Gespräche an, die Wortschatz und Satzbauregeln herausfordern, z. B. „Wo ist das Obst?", „Welches Gemüse bekommen wir hier?", „Was ist billiger?", „Das brauchen wir heute nicht, weil ...".*
- *Das Kind kann erraten, was verschiedene Schilder, Embleme oder Aufschriften bedeuten (z. B. Supermarktschild, Post, McDonalds).*
- *Auch bei alltäglichen Verrichtungen können Eltern auf allgegenwärtige Schrift hinweisen, z. B. auf der Waschmaschine, Verpackungen etc. („Was könnte das bedeuten?").*
- *Eltern können Notizen, Postkarten oder Einkaufslisten gemeinsam mit ihrem Kind schreiben.*

- *Eltern können auf die verschiedenen alltäglichen Textformate hinweisen: Bücher, Tageszeitungen, Journale, CD-Booklets, Gebrauchsanweisungen usw.*
- *Gemeinsame Wartezeiten bieten oftmals Gelegenheiten für gemeinsames Lesen und Sprechen über Text und Schrift (im Wartezimmer, vor der Ampel, in der Supermarktschlange usw.).*
- *Eltern können geäußerte Inhalte und Gefühle des Kindes sprachlich zusammenfassen und spiegeln („Du bist wütend", „Du meinst also ...").*

kommunikationshemmendes Verhalten der Eltern

Daneben gibt es kommunikationshemmende Verhaltensweisen, auf die Eltern ebenso hingewiesen werden sollten. Eine Untersuchung von Nelson (1973) zeigte, dass eine besonders direkt und intensiv korrigierende Verhaltensweise der Mütter zu einer verzögerten Wortschatzentwicklung ihrer Kinder führte. Dieser Stil bewirke, dass das Kind weniger Anlässe und Anregungen erhalte, um eigene Vorstellungen zu wahrgenommenen Zusammenhängen in seiner Lebenswelt und zu deren Begriffen zu entwickeln (vgl. Szagun 2010). Wird unter Druck oder strafend die Aufmerksamkeit vom subjektiv bedeutsamen Inhalt der Äußerung auf die Form gezwungen, wird das Kind die Reflexion nur mit ausreichendem metasprachlichen Bewusstsein nachvollziehen können. Zwar sind erste Selbstkorrekturen bereits mit 27 Monaten zu berichten (Schöler/Kany 2010, 67), diese sind aber eher als automatisierte Prozesse und Imitationen aufzufassen. Ein bewusster Zugriff auf metasprachliches Wissen ist erst mit der Fähigkeit konkret-operationalen Denkens (Piaget 1982) und damit um das sechste Lebensjahr (Klann-Delius 2008) anzunehmen. Rodrian (2009, 116, vgl. Szagun 2007) empfiehlt daher, dass die Eltern

- nicht bestrafen sollen bei sprachlichen Regelverstößen,
- nicht direkt korrigieren und kritisieren bei Sprachfehlern,
- keine Anweisungen geben sollen, wie gesprochen werden soll,
- ihre Kinder nicht nachsprechen lassen sollen und
- sie nicht unterbrechen.

Beteiligung an den Fördermaßnahmen

Mit der Sensibilisierung der Eltern für ihr eigenes sprachförderliches Verhalten und ihre aktive Beteiligung an der Umsetzung von gezielten sprachlichen Fördermaßnahmen soll eine Verbindung hergestellt werden „zwischen der therapeutischen und der Alltagssituation" (Ritterfeld 2007, 926). Während in außerschulischen sprachtherapeutischen Situationen die aktive Einbindung der Eltern in die konkrete Arbeit unter der Voraussetzung ihrer Bereitschaft möglich ist, da die sprachtherapeutischen Maßnahmen als medizinische Dienstleistung verstanden werden können, an denen sich Eltern als Leistungsnehmer beteiligen wollen, gestaltet sich dies im verpflichteten Setting der Schule schwieriger. Sie können aber im Rahmen der Beratungs- und Informationsgespräche für bestimmte aktuelle Sprachförderziele und Entwicklungsschritte ihres Kindes in der Schule sensibilisiert und in Orientierung daran angeleitet werden, spezifische verbesserte und erweiternde Wiederholungen unvollständiger oder falscher Äußerungen ihrer Kinder im häuslichen Bereich vorzunehmen.

Die Eltern werden über das aktuelle sprachliche Förderziel von Jonathan in der Schule informiert. Bei der Unterrichtsplanung werden Lehrkräfte darauf hingewiesen, dass Jonathan den sogenannten Silbenstrukturierungsprozess der Reduktion von Mehrfachkonsonanten in jeder Wortposition noch nicht überwunden hat (er spricht z. B. „Bett" statt „Brett") und zu betonter Präsentationen der Lautstruktur in ihrer Lehrersprache in Einzelgesprächen sowie Alternativfragen („Meinst du Zeba oder Zebra?") angeregt. Auch die Eltern können zu Hause die verbesserten Rückmeldungen durchführen, ohne dabei die Inhalte der Mitteilungen zu vernachlässigen (Jonathan: „Da, der Frosch fängt die Liege!", Mutter: „Genau, der Frosch fängt die F-f-f-liege!"). Gleichzeitig wird den Eltern geraten, insbesondere auf Rückmeldungen fehlerhafter Dativmarkierungen („Das Pferd gehört den Bauer") zunächst zu verzichten, da dieser Schritt in der grammatischen Entwicklung von Jonathan noch Vorbereitung braucht und dieser Fokus von anderen Zielen ablenken könnte.

Kritik an der Elternbeteiligung

Die Beteiligung der Eltern als „Ko-Therapeuten" wird kritisch diskutiert, da der mögliche „Erfolgsdruck" die „Eltern-Kind-Interaktion" belasten könnte (Rodrian 2009, 38). Ritterfeld sieht dafür keine empirischen Belege, „welche eine Einschätzung solcher negativen Folgen einer Elternpartizipation erlauben würde" (Ritterfeld 2007, 927). Stattdessen stellte sich in jüngeren Studien heraus, dass die generelle Bereitschaft der Mütter (Väter erschienen bei den Beratungssettings im Rahmen der Forschungsprojekte selten) zur Beteiligung sehr hoch ist und dass diese „erhebliche Zweifel an der Sprachtherapie ihres Kindes ausbilden", wenn sie sich nicht in einem ausreichendem Maße aufgeklärt und informiert fühlen (Ritterfeld/Rindermann 2004).

Elternzufriedenheit

Zu ähnlichen Befunden kommen Ritterfeld et al. (2011) auch im schulischen Kontext. In einer Untersuchung in Nordrhein-Westfalen stellen sie deutliche Zusammenhänge fest zwischen der Zufriedenheit der Eltern von Kindern in Sprachheilschulen und dem Grad der Beteiligung am Verfahren zur Feststellung des sonderpädagogischen Förderbedarfs.

Besonders zufrieden sind die Eltern dann, wenn sie sich gut über den Ablauf und die Ergebnisse des Verfahrens informiert fühlen, sie den beteiligten Fachpersonen vertrauen und meinen, Einfluss auf die Entscheidung nehmen zu können.

Wissen um Diagnose als Risikofaktor

Ritterfeld (2007, 928ff.) stellt heraus, dass bereits der Verdacht einer Sprachentwicklungsstörung bei den Eltern zu einem Kommunikationsverhalten führen kann, das die Sprachentwicklung sogar hemmen kann. In einer Beobachtungsstudie (Ritterfeld 1999) stellte sie fest, dass allein das Wissen um die Diagnose zu einem weniger sprachförderlichen Interaktionsstil führte in der falschen Annahme der Bezugspersonen, das Kind gerade dadurch zu fördern. Die Bezugspersonen unterfordern das sprachentwicklungsgestörte Kind durch weniger Fragen, deutlich weniger komplexe Sätze und demotivieren es durch Sorge und mangelnde Akzeptanz (Ritterfeld 2007, 931).

elterliche Sprachförderung außerhalb des Alltages

Proctor-Williams et al. (2001) stellen sogar fest, dass sprachentwicklungsauffällige Kinder nicht nur dieselbe Qualität sprachlichen Inputs von ihren Eltern benötigen wie unauffällige Kindern, sondern auch zeitlich deutlich mehr Aufmerksamkeit brauchen. Aber die Eltern sollen in ihrer sprachlichen Natürlichkeit und Spontaneität nicht damit überfordert werden, „ihre gesamte Kommunikation im Alltag zu intensivieren“ (Ritterfeld 2007, 943). Stattdessen sollen sie angeleitet werden, zeitlich und räumlich begrenzte sowie klar definierte Fördereinheiten außerhalb des Alltags einzurichten, in denen sie sich mit ihrem Kind spielerisch der Sprache widmen. Dafür hat Ritterfeld (2002) die Metapher der *„Sprachinsel“* definiert. Dies können Orte wie die Kuschelecke, das Sofa oder auch der Küchentisch sein, an denen sie sich ungestört und mit geeigneten Medien wie Bilderbüchern oder Spielen konzentriert der sprachlichen Interaktion widmen.

Elternberatung ist keine Familientherapie

Die Funktion der Entlastung und Erarbeitung von Bewältigungsstrategien in der Elternberatung mit dem Schwerpunkt auf der Sprachentwicklung und dem Sprachgebrauch des Kindes ersetzt keine Familientherapie. In dieser sollen Interaktionsmuster und Probleminterpretationen, die aufrechterhaltende Bedingungen für die kommunikativen Behinderungserfahrungen des Kindes darstellen können und unter denen alle Familienmitglieder mehr oder weniger leiden, durch psycho- und gesprächstherapeutische Interventionen reflektiert und verändert werden. Hier sind der schulischen Beratung Grenzen gesetzt.

Die Kooperation zwischen den Eltern und den beratenden Sonderpädagogen erhebt stattdessen den Anspruch, Sichtweisen der Eltern und ihre Interaktion mit ihren Kindern so zu verändern, dass sie als „Transportsystem für Sprachstrukturen und spezifische Arbeit an Sprache und Kommunikation" (Rodrian 2009, 45) dienen kann.

Es soll bei den Eltern „Vermittlungs- und Anleitungskompetenz in Bezug auf Sprachförderstrategien" Ritterfeld (2007, 944) erreicht werden.

Ziele bestimmen

Mit dem Beginn einer längerfristigen Elternpartizipation sollten in den ersten Beratungsgesprächen Fragen nach persönlichen Zielen, Rollen der Beteiligten und Vorgehensweisen geklärt werden. Dafür können Planungsfaktoren der sogenannten *SMART-Regel* herangezogen werden. Sie ist eine Strukturierungs- und Entscheidungshilfe für die Pädagogen und Eltern bei der gemeinsamen Bestimmung von Zielen in der Beratung und der Förderung für das Kind. Die Methode stammt aus der Selbstmanagement-Therapie (Kanfer et al. 2000) und soll zur zielgerichteten Selbststeuerung und Motivation führen. Sie wurde maßgeblich von Grötzbach (2004) in die medizinisch-logopädische Rehabilitation eingeführt. Oliveira-Mußmann/Mußmann (2009) übertrugen sie in die sprachheilpädagogische Arbeit mit stotternden Menschen. Die SMART-Regel findet auch Anwendung in der Wirtschafts- und Organisationsberatung.

Die „SMART-Checkliste" (Online-Material 5) führt ausgewählte Leitfragen auf, die ein Beratungsgespräch im Förderschwerpunkt Sprache mit den Eltern strukturieren können.

*Die **SMART-Regel** soll in der Beratung zu **spezifischer Zielformulierung** (**S** für spezifisch), Benennung von **verbindlichen messbaren Erfolgskriterien** (**M** für messbar), **zumutbaren Vorgehensweisen** (**A** für akzeptabel) und **realistischen Zielen** (**R** für realistisch) in **verbindlich vereinbarten Zeiträumen** (**T** für terminiert) verhelfen. Dabei wird sowohl die unmittelbare Ebene des Beratungsgespräches an sich als auch die Ebene der in der Beratung geplanten Förderung strukturiert. Die Regel wird für die Elternberatung im Förderschwerpunkt Sprache wie folgt adaptiert:*

Familie Majewski hat mit der Grundschullehrerin ihres siebenjährigen Sohnes Nils und der Sonderpädagogin das zweite Beratungsgespräch im Rahmen eines Elternabends. Die Beteiligten haben sich bereits kennengelernt. Die Eltern wurden mündlich und mit einer Broschüre über die kindliche Sprachentwicklung im Allgemeinen und die spezifischen lautsprachlichen und grammatischen Entwicklungsstörungen (zahlreiche Lautauslassungen, Wortstellungs- und Flexionsfehler) von Nils informiert. Die Eltern berichten, dass sich Nils zuhause oft ungeduldig und aggressiv zeigt. Das Verhalten bestätigen die Lehrer in der Schule. Der Vater betont, dass ihm eine korrekte Sprechweise seines Sohnes sehr wichtig ist. Die Sonderpädagogin berichtete, dass sich Nils im Gespräch mit Schulkameraden, die er noch aus dem Kindergarten kennt, und in Einzelgesprächen mit der Sonderpädagogin entspannter und motiviert zeigt. In einem Dialog zwischen Nils und seinen Eltern beobachten die Lehrkräfte, dass die Mutter regelmäßig bei Sprech- und Denkpausen von Nils die Sätze vervollständigt oder Äußerungen ganz übernimmt, der Vater interveniert („Jetzt lass ihn doch mal!"), aber durchgehend korrigiert („Das heißt nicht ‚Fluzeu' [Flugzeug], sondern ... hm ?"). Die Sonderpädagogin und die Grundschullehrerin haben sich beraten und wollen die Eltern nun zu mehr sprachförderlichem Verhalten führen, aber dabei Schwerpunkte verteilen, indem sie die Arbeit in der Schule transparent machen. Das sprachförderliche Verhalten sollen sie auf ausgewählte Situationen konzentrieren. Diese sollen gemeinsam gestaltet werden, da es auch um das Kommunikationsverhalten zwischen den Eheleuten geht. Im Beratungsgespräch lege sie folgende Punkte fest:

- S1: Die Eltern und die Lehrkräfte wollen gemeinsam erreichen, dass sich Nils sowohl zuhause als auch in der Schule weniger aggressiv zeigt und verlorene Freunde wiedergewinnt.
- S2: Die Mutter will fehlerhafte Äußerungen von Nils zulassen, deren Inhalte wiedergeben, jedoch korrekt. Der Vater soll die Frau durch Zurückhaltung dabei unterstützen und auf Berichtigungen in der Aussprache bei Nils verzichten, da diese ihn scheinbar frustrieren und dieser Schwerpunkt indirekt in der Schule verfolgt wird. Bei korrigierten Rückmeldungen soll sich der Vater ausschließlich auf die Grammatik der Sätze beziehen und dafür Modelle anbieten, die bisher fehlten („... sondern ...?"). Die Eltern wollen dafür regelmäßig eine halbstündige Spielzeit mit Regelspielen nach dem Abendessen am Tisch zusammen mit der älteren Schwester einrichten. Dafür empfehlen die Lehrerinnen ein Lernspiel zur „Uhrzeit", in dem für Nils problemlos die wichtigsten Lernwörter zum Thema aus dem Unterricht aufgegriffen werden können (alle Uhrzeiten enthalten keinen K-Laut) und Anlässe für Spontansprache geschaffen werden (z. B. „Was macht man denn morgens um 7 Uhr?"), in denen die Eltern ihr verändertes Kommunikationsverhalten erproben können.
- S3: Die Sonderpädagogin möchte bei Nils eine Sensibilisierung der hinteren Artikulationszone für den K-Laut und die ersten selbstständigen Produktionen des Lautes erreichen. Eine Übung zur Stimulation können Schnarchgeräusche sein. Dafür übernimmt Nils die Rolle des Mathe-Tigers im Mathematikunterricht. Das aktuelle Thema „Die Uhrzeit" wird jedes Mal spielerisch eingeleitet mit dem Mathe-Tiger, der verschläft, weil er die Uhr nicht kennt und laut schnarcht. Im weiteren Verlauf werden Phasen zum Chor-Sprechen integriert, in denen das „Tick-Tack" des

Sekundenzeigers laut nachgesprochen wird. Nils wird dabei mit einem Bild als Erinnerungshilfe, das er aus der Einzelförderung kennt, an den Auslaut /k/ erinnert.

Die Grundschullehrerin will Nils mehr Lernmotivation verschaffen. Dafür berät sie sich mit der Sonderpädagogin über Lernwörter, die für Nils problematische Lautverbindungen enthalten und vermeidet diese zunächst bei ihm. Weiterhin wird sie für ihn vermehrt Partnerarbeiten mit bekannten Schulkameraden arrangieren, bei denen die Sonderpädagogin individuell unterstützen kann. Beide Lehrkräfte werden zusätzlich mit dem Einverständnis der Eltern abwechselnd mundmotorische Übungen spielerisch in einer Kleingruppe anbieten, die sie in das aktuelle Thema „Mein Körper" im Sachunterricht einbinden.

- S4: Die beiden Lehrerinnen wollen mit der gezielt eingesetzten Partnerarbeit mehr Erlebnisse erfolgreicher Kommunikation für Nils schaffen. Die Kleingruppenarbeit zum Unterthema „Die Zunge" im Sachunterricht soll alle Schüler für die Funktion der Zunge beim Sprechen sensibilisieren. Dieses Ziel hat für Nils eine therapeutische Relevanz.
- M1: Die Eltern verständigen sich mit den Lehrerinnen darauf, dass die Eltern ihr Ziel erreicht haben, sobald Nils am Rande des „Uhren"-Spiels ungehemmt und frei von seinem Tagesablauf berichtet.
- A1: Die Eltern sehen im Beratungsgespräch den Vorteil, mehr Einblick in das Thema ‚Spracherwerb' und in ihre Rolle als Gesprächspartner für ihren Sohn zu erhalten. Die Lehrkräfte bekommen Einblick in das familiäre Kommunikationsverhalten als Entwicklungsbedingung für Nils und bestimmte Verhaltensweisen in der Schule.
- R1: Für weitere Beratungsgespräche muss sich insbesondere der Vater mehr Zeit nehmen.
- R2: Um die gemeinsame Spielzeit einzurichten, müssen alle Familienmitglieder bei der frühzeitigen Vorbereitung des Essens mithelfen, das obligatorische Sehen der „Tagesschau" ggf. muss entfallen.
- R3: Bei dem Arrangement der Partnerarbeiten im Unterricht müssen die Lehrkräfte prüfen, wer zu Nils' guten Freunden gehört. Einige haben sich außerhalb der Schule wegen seiner Aggressivität abgewandt. Dafür befragen sie auch die Eltern.
- T1: Das heutige Beratungsgespräch wollen alle Beteiligten in spätestens zwei Stunden beendet haben. Für die einzelnen Ziele der Beteiligten nehmen sie sich einen Monat Zeit und planen aber auch ein weiteres Beratungsgespräch und ein vorläufiges Abschlussgespräch ein.

typische Fehler bei der Zielbestimmung

Solche Strukturierungshilfen für die Zielfindung in der Elternberatung können verändert oder vereinfacht werden. Die Lehrkräfte sollten bei der Bestimmung ihrer eigenen Ziele in der schulischen Förderung als auch der gemeinsamen Ziele mit den Eltern in der Beratung darauf achten, dass sie verständlich und nachvollziehbar sind. Es sollten präskriptive Ziele formuliert werden für reproduktive (Wiedergabe, Übung, Nachahmung), reorganisierende (Veränderung oder Verbesserung von Leistungen) oder produktive Leistungen (selbständige Anwendungen, Erkenntnisse oder Entdeckungen). Sie können gewünschte spezifische sprachliche Leistungen (z.B. „Nils verwendet den K-Laut spontan in der Abschlusspräsentation.") oder spezifisches sprachliches Handeln beschreiben (z.B. „Mustafa begründet den Vorgang mit Verwendung der Konjunktion ‚weil'."). Denn folgende typische Fehler bei der Definition von Förderzielen können die Motivation der Eltern stören und das Überprüfen der Ziele erschweren (vgl. Grötzbach 2004):

- Die Methode wird als Ziel angegeben. Beispiel: „Nils soll Schnarchgeräusche nachahmen."
- Die Ziele sind zu ungenau formuliert. Beispiel: „Das Sprechen soll verbessert werden."
- Die Ziele sind schwer überprüfbar. Beispiel: „Nils soll bei der Partnerarbeit gut mitmachen."
- Die Symptome werden zu Zielen formuliert. Beispiel: „Die Auslassung der K-Laute soll reduziert werden."
- Die Ziele sind für die Eltern unverständlich. Beispiel: „Die velaren Plosive sollen faszilitiert werden."

Einzelarbeit in der Elternberatung

Die Beratung der Eltern und ihre Beteiligung an den direkten und indirekten Fördermaßnahmen für das Kind in der Schule werden meistens als Einzelarbeit umgesetzt. Einzelne Elternpaare oder Elternteile werden in Einzelsprechstunden des Lehrerteams der inklusiven Klasse oder im Rahmen von Förder- oder Helferkonferenzen (→ Kapitel 3.2.4) beraten oder herangezogen. Insbesondere die gemeinsame Zielfindung und Abklärung der familiären Bedingungen erfordert eine vertrauliche Atmosphäre.

Gruppenarbeit in der Elternberatung

In der Form der Gruppenarbeit des Pädagogenteams der inklusiven Klasse werden allgemeine Inhalte zeitsparend verteilt, gemeinsam erprobt und es können Gelegenheiten zum Austausch der Eltern untereinander und zur emotionalen Entlastung gegeben werden. Besteht grundsätzliche Bereitschaft zur Kooperation in der Elternschaft, können *Elternbriefe* über verbindliche Termine oder auch weiterführende Informationsquellen und Kontakte vermitteln. *Monothematische Elternabende* (z.B. zum Thema „Inklusion") können einmalig stattfinden bzw. im Rahmen der Beteiligung der Eltern an den Fördermaßnahmen als *regelmäßig stattfindende Elterngruppe* (Rodrian 2009, 42) mit wechselnden, aber zusammenhängenden Themen (z.B. „Sprachentwicklung und Sprachförderung"). Dazu können weitere *Experten als Referenten* eingeladen werden, die möglicherweise auch an den Förderkonferenzen teilnehmen (z.B. Logopäden oder andere Therapeuten). Die Gruppenarbeit eignet sich besonders für die Aufklärung zu sprachentwicklungstheoretischen Themen, zur Reflexion und Übung förderlicher Sprachlehrstrategien und entwicklungshemmender Interaktionsmuster, da die methodischen Möglichkeiten zu Rollenspielen gegeben sind (Ritterfeld 2007, 944f.).

Engagement der Eltern

Eine aktive Beteiligung der Eltern an der Gruppenarbeit auf Initiative der Lehrkräfte zur Gestaltung förderlicher Entwicklungsbedingungen ihrer Kinder erscheint angesichts der Befunde von Ritterfeld/Rindermann (2004) und Ritterfeld et al.(2011) nicht unwahrscheinlich (siehe oben). „Lediglich alleinerziehende und mehrfache Mütter [...] zeigen eine geringer ausgeprägte Bereitschaft" (Ritterfeld 2007, 927), sich an den Maßnahme zu beteiligen. Dies ist allerdings auf die objektiv geringeren Ressourcen zurückzuführen.

Struktur und Ablauf

Einmalige oder die ersten Sitzungen regelmäßig stattfindender Elternabende weisen vergleichbare und grundsätzliche Strukturen auf (Rodrian 2009, 44):

- **Kennenlernen der Eltern** untereinander und der Lehrkräfte (entfällt bei Folgeveranstaltungen),
- **thematischer Einstieg** (durch die Lehrkräfte, ggf. mit Aufgreifen offener Fragen der vorangegangenen Sitzung),
- **Wissensvermittlung** (Impulsvorträge der Sonderpädagogin oder der eingeladenen Experten),
- **Einbeziehen der individuellen Hintergründe** der Eltern (z.B. durch Rollenspiele und Erfahrungsaustausch der Eltern) und
- **Übertragung in den familiären Alltag** (z.B. durch Übungen zu sprachförderlichem Verhalten und „Hausaufgabe" zur Anwendung).

3.2.2 Beratung und Kooperation mit Regelschullehrkräften

Beratung als Ergänzung

Beratungsangebote der Sonderpädagogen mit dem Förderschwerpunkt Sprache, die sich an die Regelschullehrkräfte richten, ergänzen die sonderpädagogischen Bildungs- und Unterstützungsangebote im inklusiven Unterricht. Die Sensibilisierung für sprachliche und kommunikative Barrieren, die durch die Auswahl von Medien, Sozial- und Arbeitsformen oder durch die Gestaltung der Lehrersprache für einzelne Schüler entstehen können, soll durch *Information, Vermittlung* und *kollegiale Fallgespräche* erreicht werden. Der beratende Sonderpädagoge leistet dann in der inklusiven Schule zum einen *Koordinierungshilfe* in schulorganisatorischer (Zusammensetzung von Klassen, Bildung von temporären Kleinklassen und Fördergruppen) und methodischer Hinsicht (Passung zwischen curricularen Vorgaben und Bedürfnissen der heterogenen Lerngruppe, Zusammensetzung von Partnern bei Gruppenarbeiten der Schüler). Zum anderen liegen die Ziele seiner Beratung aber auch in der *Sicherung der Qualität* guten Unterrichts der Regelschullehrkräfte (→ Kapitel 3.2.7, Meyer 2008; Helmke 2010), der durch die entsprechenden Merkmale den Bedarf an zusätzlichen individualisierten Unterstützungsmaßnahmen und Interventionen reduzieren soll. Die Grenzen dieses Kompetenztransfers wurden in Kapitel 1.3 erläutert.

Ebenen des kollegialen Beratungsgespräches

Ein Beratungsgespräch unter Lehrkräften verläuft auf verschiedenen Ebenen, die bei Beratern berücksichtigt und unter Umständen angesprochen werden müssen, um gemeinsam die subjektive Perspektive des Beratungsnehmers auf sein definiertes Problem, das Maß seiner Verantwortung und die Möglichkeiten der Veränderung zu reflektieren. Dabei gilt in besonderem Maße der *Grundsatz der selektiven Authentizität* für den Berater. Erste subjektive Empfindungen und Haltungen müssen vom Berater selbst reflektiert und ggf. zurückgehalten werden. Mangelnde Erfahrung oder theoretische Auseinandersetzung im Rahmen des Studiums mit Behinderungen, Behinderungserfahrungen und Sprachstörungen können zu persönlichen Unsicherheiten aufseiten der Regelschullehrkräfte führen, die im Beratungsgespräch weit über methodische und didaktische Fragen hinausgehen.

Individuelle Ebene

Auf der individuellen Ebene des Fallverstehens reflektiert der Berater seine Selbstsicht auf die Falldarstellung.

- Welche Assoziationen werden bei mir ausgelöst? „Das kenne ich auch!“ oder „Warum ist das denn ein Problem?“
- Wie wirkt der Fall allgemein auf mich? „Kleines oder großes Problem?“
- Mit wem fühle ich mich aus welchem Grund solidarisch?

Die Grundschullehrerin forderte von Florin, im ganzen Satz zu antworten. Florin protestierte, weil er trotzdem die richtige Antwort gegeben hatte. Es eskalierte. Sicht des Beraters: „Der arme Schüler, recht hat er" oder „Richtig, gerade Florin könnte sprachlich mal mehr gefordert werden."

Soziale Ebene

Auf der sozialen Ebene des Fallverstehens richtet der Berater seinen Blick auf die Präsentation des Beratungsnehmers.

- Wie erzählt der Fallgeber seinen Fall? Ungenau, kompliziert fachwissenschaftlich, wütend, vorwurfsvoll, einsichtig?
- Welche Begriffe und Metaphern benutzt er, und welche Haltung drückt er damit aus? Beispiel: „Der ist doch einfach sprachbehindert", „Der ist ein Stammler."
- Was mutet sich der Fallgeber selbst zu? Beispiel: „Der kriegt doch keine Therapie! Ich muss dem doch helfen!"
- Werden verdeckte oder offene Strategien erkennbar?

Offene Strategie der Verantwortlichmachung im Beratungsgespräch nach dem Prinzip ‚tust du mir nichts, tue ich dir auch nichts': „Naja, Sie müssen sich mit dem Stottern ja auskennen. Wenn wir das Problem nicht hinkriegen, fällt das auch auf Sie zurück ..."

- Welche Nachteile oder Vorteile ziehen welche Personen aus dem Fall?

„Ich habe das ja alles nicht studiert. Ich denke, dafür muss der Schulleiter jemanden in meinem Unterricht abstellen!", „Jetzt wollen alle ihr Referat über ein Video machen ..."

Kulturelle und berufsbiografische Ebene

Im Beratungsgespräch müssen weiterhin kulturelle und berufsbiografische Einflüsse des Beratungsnehmers erkannt und berücksichtigt werden („Damit habe ich mich noch nie beschäftigen müssen, da kam immer ein Sonderschullehrer.").

Umgang mit Problemen

Auch der soziokulturelle erlernte Umgang mit Problemen, die individuelle Berufsauffassung, Rollenklarheit und die damit einhergehende Notwendigkeit von Reflexivität des Beratungsnehmers müssen vom Berater als fördernde oder hemmende Bedingungen im Fallgespräch berücksichtigt werden.

Institutionelle und hierarchische Ebene

Die institutionelle und hierarchische Ebene im Fallgespräch umfasst konzeptionelle Bedingungen, auf die Kollegen im Fallgespräch wenig Einfluss haben, sofern sie die Problemwahrnehmung begünstigen. Auf der anderen Seite können sie auch unberücksichtigte Ressourcen darstellen:

- Wie wird in anderen Klassen mit solchen und anderen Problemen generell umgegangen?
- Bringen andere Kollegen weitere, nützliche Qualifikationen mit?
- In welchem Verhältnis steht das Problem zum Schulprogramm und –profil? Welche pädagogischen und sonderpädagogischen Hilfen will die Schule anbieten?
- Welche Erwartungen werden von der Leitung gestellt?

Organisatorische und räumliche Faktoren

Zu den institutionellen Bedingungen der Wahrnehmung des Problems und der Fallbesprechung gehören auch organisatorische und räumliche Faktoren:

- Wie häufig ist der Fallgeber in der Lerngruppe? Ist er Klassenlehrer oder Fachlehrer?
- Wo ereignete sich das Problem? Im Unterricht oder in der Pause?
- Was ist der Anlass der Beratung (regelmäßige Teambesprechung oder sporadischer Besuch)?
- Unter welchen Umständen und in welchem Zeitraum soll die Beratung stattfinden (z.B. in der kleinen Pause oder nach Unterrichtsende)?

Fachliche Ebene

Förderschwerpunktspezifische Fragen werden auf der fachlichen Ebene des Fallverstehens geklärt. Hier stehen methodische und didaktische Gestaltungsmöglichkeiten und Planungsaspekte im Mittelpunkt. Diese *Leitfragen* orientieren sich an den Planungs- und Reflexionskriterien bei der Analyse von Unterrichtsqualität (vgl. Helmke 2010, 288).

- Welche methodischen und didaktischen Planungs- und Durchführungsfaktoren hängen möglicherweise mit dem Problem zusammen?

- Woran erkennen dies der Beratungsnehmer und der Berater?
- Welches Maß an Vorbereitung liegt der beobachteten Unterrichtssequenz zugrunde?

Da Unterrichtsbeobachtungen den Unterrichtenden in der Regel bekannt sind, ist mit einem Mindestmaß an Vorbereitung zu rechnen, die einen Eindruck von methodischer und didaktischer Kompetenz vermitteln soll. Alltägliche Unterrichtsroutine mit spontanen Planungsänderungen ist gerade am Beginn der Kooperation zwischen Grundschullehrkraft und Sprachheilpädagogen eher nicht zu erwarten.

- Welche Routinen und Rituale liegen bestimmten Ereignissen zugrunde?

Während die Grundschullehrkraft für bestimmte automatisierte Abläufe und Routinen „betriebsblind" geworden ist, fehlt dem Berater in der konkreten beobachteten Situation möglicherweise das Kontextwissen zur gemeinsamen Biografie der Lerngruppe, um bewährte, eingespielte Abläufe als solche erkennen zu können. Durch diese Einsicht kann die Grundschullehrkraft mit der Frage nach möglichen Handlungsalternativen zu der Erkenntnis gebracht werden: „Ach, stimmt! Das merke ich ja schon gar nicht mehr!"

Planungsfaktoren als Beobachtungskategorien

Die methodischen und didaktischen Planungs- und Durchführungsfaktoren für einen inklusiven sprach- und kommunikationsfördernden Unterricht werden in Kapitel 4.2 erläutert. Sie stellen auch Beobachtungskategorien dar, mit denen Unterricht unter dem Gesichtspunkt des Förderschwerpunktes Sprache hospitiert und im Rahmen kollegialer Fallberatung reflektiert und analysiert werden kann.

Einschätzungen zur Qualität der Kooperation

Beratung und Kooperation stellen zentrale Handlungsdimensionen in der dezentralisierten, subsidiären und netzwerkbasierten sonderpädagogischen Unterstützung an Schulen dar. Verschiedene Studien haben daher die Bedingungen, Formen und subjektiv wahrgenommenen Qualitäten der Zusammenarbeit zwischen Regelgrundschulen und mobilen, sonderpädagogischen Diensten im Förderschwerpunkt Sprache untersucht.

zwei wesentliche Leitorientierungen

Lütje-Klose (2008) rekonstruierte beispielsweise im Rahmen einer explorativen, qualitativen Studie handlungsleitende Vorstellungen und die subjektiv wahrgenommene Qualität sowie das eigene professionelle Selbstverständnis von Sonderpädagogen mit dem Förderschwerpunkt Sprache im sogenannten mobilen Dienst in Niedersachsen. Dabei arbeitete die Autorin *zwei we-*

sentliche Leitorientierungen der Sonderpädagogen in den integrativen Settings heraus:

erste Leitorientierung

Die eine handlungsleitende Orientierung lag in einem exklusiven Verständnis der sonderpädagogischen Maßnahmen. Die Unterstützungsmaßnahmen sollen demnach als additive Förderung in der äußeren Differenzierung, also als Einzel- der Kleingruppenförderung außerhalb des Unterrichts stattfinden. Die Kooperation mit den Grundschullehrkräften begrenzte sich auf die Vermittlung von Informationen zu Sprachentwicklung und Sprachbeeinträchtigungen im Rahmen von Expertenberatung.

zweite Leitorientierung

In der zweiten Orientierung drückte sich ein hoher Überschneidungsbereich mit anderen Förderschwerpunkten aus und unterrichtsintegrierte sonderpädagogische Bildungs- und Unterstützungsmaßnahen wurden angestrebt. Dieser Anspruch war verbunden mit einem Verständnis kooperativer Beratungs- und Planungsgespräche.

Die beiden Leitorientierungen waren abhängig von den äußeren institutionellen und organisatorischen Bedingungen. Diese Befunde wurden durch eine Erhebung durch Mußmann (in Vorbereitung) bestätigt. Im Rahmen einer Fragebogenerhebung mit 166 Sonderpädagogen mit dem Förderschwerpunkt Sprache im mobilen Dienst und 20 Schulleitungen von Beratungs- und Förderzentren, die auch den Förderschwerpunkt Sprache vorhalten, wurden die unterschiedlichen Zielsetzungen und Auffassungen der sonderpädagogischen Unterstützungs- und Beratungsangebote in Abhängigkeit von den methodischen und organisatorischen Rahmenbedingungen differenzierter deutlich. Hielten rund 70% der befragten Sprachheilpädagogen ihre Einbindung im inklusiven Unterricht, zum Beispiel in offenen Unterrichtsformen wie Projekt- oder Wochenplanarbeit, für sinnvoll, schätzten 26% der Befragten den Anteil des Unterrichts, den sie gemeinsam mit den Grundschullehrkräften planen, als gering ein und 57% stellten keinerlei gemeinsame Planung fest. Nur rund 10% gaben an, den Unterricht und die Fördermaßnahmen in der inneren Differenzierung gemeinsam mit der Grundschullehrkraft zu planen, durchzuführen und zu evaluieren. 15% der Befragten hielten den Anteil für die gemeinsame Planung für angemessen. So gaben demzufolge auch 72% der befragten Sprachexperten an, in der äußeren Differenzierung, also z.B. in Einzel- oder Kleingruppenarbeit in bestimmten Förderbereichen und außerhalb des Unterrichtsfaches zu arbeiten. 53% der befragten Sonderpädagogen mit dem Förderschwerpunkt Sprache räumten ein, dass die Kooperation mit der Grundschullehrkraft nicht immer eine gemeinsame Planung erlaube.

organisatorische Grenzen der Kooperation

In beiden Untersuchungen stellte sich deutlich heraus, dass insbesondere die begrenzten zeitlichen Ressourcen und die Unterschiede hinsichtlich der Zielsetzung und Auffassungen der Auftragslagen bei Grundschullehrkräften und Sonderpädagogen sowohl die Form der Kooperation als auch die der Beratungsgespräche bestimmten. Daraus ergeben sich dann exklusive, additive oder unterrichtsintegrierte Konzepte der Methodik und Didaktik der sonderpädagogischen Bildungs- und Unterstützungsangebote. In einer Expertenbefragung (n=74) von Theisel/Glück (2012, 29) von Sonderpädagogen mit dem Förderschwerpunkt Sprache stellte sich heraus, dass die Forderung nach separater Einzel- oder Kleingruppenförderung unabhängig von der Schulform betrachtet wurde. Für die Befragten wurde eine als gelungen empfundene Kooperation also nicht als Bedingung für unterrichtsintegrierte Maßnahmen gesehen. Die Diskussion zur Kooperation mit den Grundschullehrkräften scheint jedoch eher im Förderschwerpunkt Sprache kontrovers zu verlaufen. In der Untersuchung (n=60) von Kuhl et al. (2012) zur „Arbeit Sonderpädagogischer Förderzentren aus Sicht der Grundschule“ stellten die Autoren fest, dass das oftmals kolportierte schlechte Verhältnis zwischen Grundschullehrkräften und Sonderpädagogen, die zur Unterstützung bei allgemeinen Lernschwierigkeiten und Verhaltensauffälligkeiten herangezogen wurden, in keiner Weise aus den Beurteilungen der Grundschullehrkräften hervorgeht. Ihre Einschätzung der Kooperation fällt außerordentlich positiv aus: 97% der Grundschullehrkräfte erleben „Verständnis“ für ihren Beratungsbedarf durch die Sonderpädagogen, 83% attestieren ihnen „fundierte didaktisch-methodische Möglichkeiten“ und 95% sahen „ihre eigene Kompetenz nicht infrage gestellt“ (Kuhl et al. 126).

3.2.3 Ziel und Funktion der Beratung

Netzwerkbasierte und dezentralisierte sonderpädagogische Maßnahmen mit dem Ziel der Teilhabe an Bildung und Erziehung von Kindern und Jugendlichen mit Behinderungen an einem inklusiven Bildungssystem wenden sich an die Lehrkräfte und weitere unterstützende Berufe, die Lern- und Entwicklungsbedingungen

Definition:

Beratung ist eine grundsätzlich spezielle zwischenmenschliche Interaktionsform, die gekennzeichnet ist durch planvolles, fachkundiges und methodisch reflektiertes Agieren des Beraters und Verbindlichkeit, Verantwortungsübernahme und Vertrauen auf beiden Seiten (Mutzeck 2005, 13).

der Schüler maßgeblich gestalten. Mit dieser indirekten, kontextorientierten Förderung der Sonderpädagogen nimmt das Maß der Komplexität und Flexibilität erheblich zu. Unterrichtsplanung, Methodenauswahl, didaktische Entscheidungen und pädagogische Handlungen aller Beteiligten sind dann nicht mehr allein durch wissensbasierte Handlungskompetenz zu realisieren, sondern erfordern kurzfristige Unterstützung und Reflexion durch ein multiprofessionelles Team. Dies ist das Feld der Beratungstätigkeit.

Das Ziel der Beratung, die den Förderschwerpunkt Sprache berücksichtigt, liegt in der *Verselbständigung eines aktiven, professionellen Lernprozesses* des beratungsnehmenden Regelpädagogen hinsichtlich sprachspezifischer methodischer und didaktischer Reflexivität und Handlungskompetenz.

Ziel der Beratung

Dies setzt die Bereitschaft voraus, Grenzen der eigenen diagnostischen und Methodenkompetenz, aber auch der Zuständigkeit zu akzeptieren, die daraus resultierten Probleme zu bewältigen, Verantwortung zu übernehmen und bei bestimmten methodischen und sprachspezifischen diagnostischen und therapeutischen Fragen abzugeben.

Voraussetzungen der Beratung

Das Wissen um Sprachentwicklung, deren Störungen und das beeinträchtigte sprachliche Handeln (→ Kapitel 2) zeichnet diese Fachkundigkeit als sprachheilpädagogische Professionalität aus bei Fragen nach der methodischen und didaktischen Adaption der Planung, Durchführung und Evaluation des Unterrichts aufgrund der spezifischen Bedürfnisse sprachbeeinträchtigter Kinder. Eine Beratung mit solchen fachlichen Schwerpunkten sollte auf *Freiwilligkeit* basieren und dem Beratungsnehmer die Freiheit lassen, zumutbare Handlungsempfehlungen zur Sprachförderung mitzuentscheiden, auszuwählen oder im Rahmen gemeinsamer Unterrichtsplanung zurückzuweisen und zu delegieren.

3.2.4 Formen der Beratung und Kooperation

Organisationsformen

Je nach Organisationsform der sonderpädagogischen Beratungsangebote und der institutionellen Anbindung des Beraters ergeben sich unterschiedliche Strukturen und Formen der Beratung und Kooperation. Der beratende Sonderpädagoge kann als einzelnes, *spezialisiertes Mitglied eines Regelschulkollegiums,* als *Mitglied eines spezialisierten Beratungsteams* innerhalb eines Regelschulkollegiums oder als *externer Berater* eines kooperierenden Beratungs- bzw. Förderzentrums agieren. Die externe Beratung kann bei speziellen diagnostischen und therapeutischen Fragen auch von Heilmittelerbringern wie Logopäden und Sprachtherapeuten erfolgen, sofern die Kooperationsvereinbarungen zwischen den Trägern der Schule und der Einrichtung des Heilmittelerbringers dies ermöglichen und grundsätzliche konzeptionelle didaktische Ziele dem nicht im Wege stehen. In der Regel bringen aber die Sprachheilpädagogen die erforderliche pädagogische Handlungs- und Reflexionskompetenz mit, prozessorientierte diagnostische Daten im Rahmen von Unterrichtsbeobachtungen für sonderpädagogische Förderplanung zu verarbeiten und daraus abgeleitete Ziele der spezifischen Unterstützung in der Sprachentwicklung mit curricularen Vorgaben zu verbinden. Die spezifische, curriculumbasierte Sprachförderung und schulische Sprachtherapie steht im Gesundheitssystem nicht im Mittelpunkt.

institutionelle Anbindung des Beraters

Die institutionelle Anbindung bestimmt die Dauer und den Umfang der Ausgestaltung der Kooperation und die darin umgesetzten Beratungsformen (→ Abbildung 10; Kapitel 3.2.4). Der beratende Sonderpädagoge kann sich einzelnen Mitgliedern des

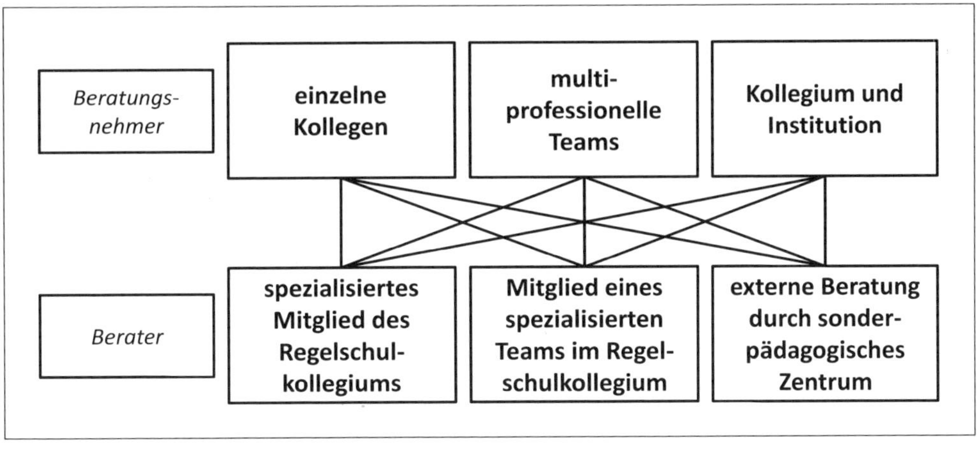

Abb. 10: Struktur der sonderpädagogischen Beratungsangebote (vgl. Mutzeck 2005, 26)

Regelschulkollegiums widmen, ganzen multiprofessionellen Teams in inklusiven Klassen oder über das Kollegium und dessen Leitung der gesamten Institution.

Formen der Beratung

Aus diesen strukturellen Kombinationsmöglichkeiten ergeben sich auch unterschiedliche Formen der Beratung. Die Form der sogenannten *Schullaufbahnberatung*, wie sie Mutzeck (2005, 19) mit Bezug auf ein pluralistisches Bildungssystem definiert hat, wird in einem inklusiven System hinfällig, da insbesondere für Schüler mit sonderpädagogischem Unterstützungsbedarf im Bereich Sprache die Regelschule vorgesehen ist und der Besuch von Förderschulen oder separaten Kleinklassen in Förderzentren oder Grundschulen in den meisten Bundesländern auf Wunsch der Eltern erfolgt. Eine Schullaufbahnberatung fragt nicht mehr nach dem geeigneten Förderort, sondern nach Fördermöglichkeiten und zu erwartenden Barrieren durch die Unterrichtsgestaltung im Rahmen der Regelschule. Sie informiert auch die Eltern über erreichbare Abschlüsse und die Möglichkeiten der Gewährung eines Nachteilausgleichs. Die Entscheidung darüber fällt die Schule. Folgende Fragen können in einer Schullaufbahnberatung berücksichtigt werden:

- In welchen Fächern, Kursen oder an welchen Praktika kann der Schüler mit Sprachbeeinträchtigungen ohne Unterstützung teilnehmen?
- Welche Bedingungen müssen geschaffen werden und welche Barrieren müssen abgebaut werden, damit das möglich ist (Medien, Kompetenzen, Personal etc.)?
- Welches Selbstkonzept bringt der Schüler für diese Übergänge und Aufgaben mit?

kooperative Förderkonferenz

Eine Schullaufbahnberatung kann auch als kooperative Förderkonferenz gestaltet werden (Werning/Lütje-Klose 2006, 154). An dieser Konferenz nehmen die Lehrer und weitere pädagogische Fachkräfte der Lerngruppe des Schülers teil, aber auch eventuell die Eltern und externe Beteiligte wie z.B. Therapeuten oder Logopäden. In einer kollegialen Fallbesprechung mit Bezug auf die bereits genannten Leitfragen werden fördernde Lern- und Entwicklungsbedingungen analysiert, langfristige Fördermaßnahmen und spezifische sonderpädagogische Unterstützungsangebote (z.B. zeitweilige Kleingruppen- oder Einzelförderung) geplant. Dafür müssen in einer vorgeschalteten *Informations-*

phase (Werning/Lütje-Klose 2006, 153) relevante Befunde und Beobachtungsdaten gesichtet und ausgewertet werden. Um insbesondere bei den pädagogischen Fachkräften ohne sprachheilpädagogische Qualifikation übereilte Einschätzungen und Stigmatisierungen zu vermeiden, wird nachstehende Reihenfolge der Datenerhebung durch den Sonderpädagogen und Datenvorstellung in der Förderkonferenz vorgeschlagen:

1. **Unterrichtsbeobachtung durch den Sonderpädagogen** mit dem Förderschwerpunkt Sprache mit folgenden Beobachtungsaufträgen:
   - Wie geht der Schüler mit seiner Sprachbeeinträchtigung in unterschiedlichen Unterrichtssituationen und mit unterschiedlichen Kommunikationspartnern um?
   - Zeigt er Bewältigungs- und Vermeidungsstrategien?
   - Welches Klassenklima und Maß an sozialer Integration herrscht in der Klasse?
2. **Gespräch mit den Eltern**, z. B. mit folgenden Leitfragen:
   - Wie nehmen sie die sprachliche Handlungsfähigkeit ihres Kindes wahr?
   - Wie nehmen sie die schulischen Leistungen ihres Kindes wahr?
   - Wie nehmen sie die Kooperation mit den Lehrkräften und weiteren pädagogischen Fachkräften, auch dem Sonderpädagogen wahr?
   - Wie nehmen sie die Schulzufriedenheit ihres Kindes wahr?
   - Wie zufrieden sind sie selbst mit der Schule?
3. **Gespräch mit dem Schüler**, z. B. mit folgenden Leitfragen:
   - Welche sozial-emotionalen Schulerfahrungen hat der Schüler gemacht?
   - Nimmt der Schüler seine sprachliche Beeinträchtigung als Behinderung seiner sprachlichen Handlungsfähigkeit wahr?
   - Hat er spezifische kommunikative Behinderungserfahrungen gemacht?
   - Wie schätzt er seine schulischen Leistungen ein?
4. Sprachspezifische Förder- und Testdiagnostik,
5. Sichtung logopädischer oder phoniatrischer Befunde.

Die Form der Unterrichtsberatung erfasst einen kürzeren Beobachtungsverlauf und findet meist zwischen dem beratenden Sonderpädagogen und seinem Regelschulpädagogen oder dem multiprofessionellen Team statt, dem der Berater angehört oder das er als Externer unterstützt.

Unterrichtsberatung

Die Unterrichtsberatung bezieht sich auf methodische und didaktische Fragen der Unterrichtsplanung und -durchführung mit Blick auf adaptive Planungsvariablen und integrierbare oder immanente sprachliche Förderangebote oder spezifische sprachtherapeutische Interventionen und deren Evaluation. Sie kann allerdings weder die Beurteilungsaufgaben und Entscheidungen der Schulaufsicht noch der betreuenden Kinder-, HNO-Ärzte, Phoniater oder Logopäden mit Bezug auf die außerschulische Sprachtherapie abdecken. Die kollegiale Unterrichts- und Fallberatung kann folgende Leitfragen berücksichtigen:

- Welche spezifischen sprachlichen und kommunikativen Schwierigkeiten liegen vor?
- Wie reagieren andere Schüler auf die Sprachbeeinträchtigungen und die eventuell damit verbundenen Kommunikationsbehinderungen?
- Wie sollen die unterrichtsintegrierten, -immanenten oder additiven Sprachfördermaßnahmen oder individualisierten Interventionen als situative Hilfestellungen gestaltet werden?
- In welchen Bereichen ist der Sonderpädagoge und in welchen der Regelschulpädagoge verantwortlich?
- Welche Hilfen benötigt die Regelschullehrkraft dafür?
- Was und in welchen Unterrichtssituationen sind die individuellen sprachlichen und kommunikativen Barrieren für den Schüler?

Beratung zur Handlungskompetenz

Die Form der Unterrichtsberatung kann sich auch auf die Handlungskompetenz der Regelschullehrkraft und ihren Umgang mit Beeinträchtigungen der sprachlichen Handlungsfähigkeit und Kommunikationsbehinderungen konzentrieren. Hier stößt die kollegiale Unterrichtsberatung aber an ihre Grenzen, wenn psychotherapeutisch relevante Übertragungs- oder Projektionsprozesse bei dem Regelschulpädagogen dessen Reflexionsbereitschaft einschränken und die Möglichkeiten der Lösungssuche begrenzen. In diesen Fällen ist die Beratung durch externe Sonderpädagogen eines kooperierenden Förderzentrums oder eine unabhängige Supervision notwendig. In der kollegialen Unterrichtsberatung, die die Lehrkraft und ihre Handlungskompetenz in den Mittelpunkt stellt, können folgende Leitfragen bearbeitet werden:

- Wie kann die Regelschullehrkraft eigene oder fremde Konflikte bewältigen, die durch die Kommunikationsbehinderung auftreten können?
- Wie können behindernde Kommunikationsverläufe und -strukturen infolge der Sprachbeeinträchtigung erkannt und verändert oder vermieden werden?
- Wie gestaltet die Lehrkraft ihre Unterrichtssprache und die verbale, para- und nonverbale Ebene?
- Wie können fördernde Kommunikationsverläufe und -strukturen unter den Bedingungen der Sprachbeeinträchtigung aufgebaut und genutzt werden?

System- und Organisationsberatung

Die System- und Organisationsberatung stellt eine weitere Form des sonderpädagogischen Beratungsangebotes dar. Hier bezieht sich die Förderung als indirekte Unterstützung durch Informationen auf die Weiterentwicklung und Anpassung der Lern- und Entwicklungsbedingungen des Schülers im weitesten Sinne. Ähnlich wie in der Förderkonferenz werden hier für alle Schüler mit Sprachbeeinträchtigungen auch *grundsätzliche organisatorische und administrative Aspekte* zusammen mit dem gesamten Kollegium und dessen Schulleitung in den Blick genommen. Eine Organisationsberatung kann verbunden sein mit *Fortbildungsveranstaltungen* oder *Informationsgesprächen* durch den Sonderpädagogen, in denen allgemein über spezifische sprachentwicklungstheoretische Inhalte und methodische Möglichkeiten der Förderung informiert und für diese sensibilisiert wird. Leitfragen für eine Systemberatung im Förderschwerpunkt Sprache können sein:

- Wie kann die Schule sprachheilpädagogische Arbeit zum integralen Bestandteil des Schulkonzeptes machen?
- Wie lässt sich Kooperation zwischen Regelschullehrkräften und Sonderpädagogen als Gewinn für das Schulklima und das Schulprofil darstellen?
- Wie lassen sich die Ressourcen der Regelschule zur sprachheilpädagogischen Arbeit nutzen?

„Ratschlaggespräch"

Gerade in formalen Organisationen wie Schulen und wenn sonderpädagogische Beratungsangebote durch Verordnungen und Schulgesetze vorgegeben sind, sollten die Gespräche kollegial und kooperativ (lat. cooperatio = Zusammenwirken, Mitwirken) angelegt sein, um Eigeninitiative zur Beratung, Motivation, Bewältigungsbereitschaft und Mitwirkung bei methodischen und grundsätzlichen unterrichtsorganisatorischen Problemen zu ermöglichen. Beratung kann aber auch als „Einwirkung", also als Intervention angelegt sein. Bei einem solchen „Ratschlaggespräch" (Franz/Kopp 2003, 27) werden die vorher genannten einzelnen Ebenen des Fallverstehens zugunsten einer kurzfristigen, pragmatischen Lösung nicht weiter hinterfragt, und es werden konkrete Handlungsempfehlungen aus Expertensicht als Ratschlag vorgegeben. Der Beratungsnehmer wird dabei zum Ratsuchenden und ist nicht aktiv an der Entwicklung einer eigenen Lösung beteiligt. Diese Form der Beratung wird häufig unter ungünstigen organisatorischen und zeitlich begrenzten Bedingungen umgesetzt und kommt bei Sonderpädagogen mit einer exklusiven Leitorientierung (Lütje-Klose 2008) zum Tragen.

Grad der Kooperation

Der Grad der Kooperation in Abhängigkeit zu den institutionellen Voraussetzungen (Berater ist Mitglied des Teams, des Kollegiums oder externen Förderzentrums) bestimmt die Bedingungen der Beratungsform. Lütje-Klose/Willenbring (1999) haben mit Bezug auf Marvin (1990) vier verschiedene Formen der Kooperation zwischen Grundschullehrkräften und Sprachheilpädagogen definiert (→ Abbildung 11). Diese Ausprägungen der Zusammenarbeit lassen sich auch auf das Verhältnis zwischen Sonderpädagogen, Grundschullehrkräften und außerschulischen Logopäden übertragen.

Ko-Aktivität

In der *Co-Activity* haben die Beteiligten zwar ähnliche Arbeitsbereiche, es findet aber kaum ein Austausch statt. Diese

Abb. 11: Grad und Formen der Kooperation nach Marvin (1990)

Form beschreibt häufig das Verhältnis zwischen Grundschullehrkräften bzw. Sonderpädagogen und den außerschulischen Logopäden.

Kooperation

Im Rahmen von Förderkonferenzen kann versucht werden, ein kooperatives Verhältnis herzustellen. Dabei können Grundschullehrkräfte zusammen mit den Sonderpädagogen inhaltliche und organisatorische Absprachen treffen, um motivierende Unterrichtsinhalte in die außerschulische Sprachtherapie einzubinden oder um unmittelbar auf sprachrehabilitative Fortschritte mit steigenden Anforderungen im Unterricht zu reagieren *(Cooperation)*.

Koordination

Das Verhältnis zwischen Grundschullehrkräften und externen Sonderpädagogen eines Beratungs- oder Förderzentrums gestaltet sich häufig als *Coordination*, um sonderpädagogische Bildungs- und Unterstützungsangebote als gemeinsame Aktivität unmittelbar an die Zielsetzung und Organisation des inklusiven Unterrichts zu binden. Dabei werden im Rahmen der sonderpädagogischen Beratungsangebote inhaltliche und methodische Absprachen getroffen und es wird eine verbindliche Rollenverteilung bei Unterstützungsmaßnahmen in der inneren oder äußeren Differenzierung vorgenommen.

Kollaboration

Ist der Sprachheilpädagoge Mitglied des Kollegiums der Grundschule und Teil eines multiprofessionellen Teams für eine inklusive Lerngruppe, können auch kurzfristige Ziel- und Methodenabsprachen getroffen und damit größere Abstimmungen bei den Inhalten und Methoden getroffen werden. Bei dieser Form der *Collaboration* besteht ein gemeinsames berufliches Selbstverständnis. Gemeinsame Planungen des Unterrichts und unterrichtsintegrierter sprachlicher Fördermaßnahmen, deren Umsetzung und Evaluation im Rahmen kollegialer Beratungen werden so möglich. In dieser direkten und langfristigen Form der Kooperation sind zur Evaluation der sprach- und kommunikationsfördernden Angebote und Förderplanungen im inklusiven Unterricht auch kooperative Beratungsformen möglich. Eine dieser Formen ist die *kollegiale Fallberatung* (vgl. Franz/Kopp 2003).

3.2.5 Kollegiale Fallberatung

Ziel der kollegialen Fallberatung

Das Ziel der kollegialen Fallberatung ist die langfristige und verstetigte Entwicklung einer kooperativen und schulinternen Problemlösungskompetenz und das kurzfristige Erarbeiten von kon-

Definition:

„Die **Kollegiale Fallberatung** ist eine Form gegenseitiger beruflicher Beratung in einer von Kollegen selbst geleiteten Gruppe" (Rimmasch 2003, 17). Durch das Merkmal des gemeinsamen beruflichen Handlungsfeldes und Erfahrungshintergrundes wird diese Form der Beratung auch Supervision ohne Supervisor, Intervision oder Peer-Supervision genannt.

kreten methodischen und didaktischen Planungs- und Handlungsalternativen bei aktuellen Problemlagen. Institutionelle und konzeptionelle Grundsatzprobleme werden hier nicht bearbeitet. Sie sind Inhalt der oben erläuterten System- oder Organisationsberatung.

Zentrale Merkmale der kollegialen Fallberatung sind der *gemeinsame pädagogisch-professionelle Hintergrund* und die erlebten Problemsituationen als gemeinsames Wissens- und Erfahrungspotenzial. Aus dieser *Gleichrangigkeit* der Teilnehmer kann eine höhere Bereitschaft zur selbstkritischen Reflexion und Problembewältigung entstehen. Auf der anderen Seite besteht auch die Gefahr, dass bereits existierende Konflikte oder Rivalitäten in der Beratungsgruppe thematisierte Sachinhalte zu Beziehungsthemen werden lassen können und so konstruktive Planungsarbeit verhindern können. Auch institutionelle Zwänge und Grenzen durch hierarchische Dienstverhältnisse oder die fehlende Unterstützung durch die Schulleitung können eine kollegiale Beratung belasten (→ Kapitel 3.2.2). Die Authentizität und Offenheit, die sowohl vom Berater als auch vom Beratungsnehmer erwartet wird, darf nicht zur subtilen Kontrolle der Lehrerleistungen missbraucht werden.

Prinzipien und Ablauf

Das Konzept der kollegialen Fallberatung folgt einem grundsätzlichen Prinzip und einem zeitlichen Ablauf. Das Beratungsgespräch wird durch die *Verteilung von Aufgaben und Verantwortlichkeiten* strukturiert. Nehmen mehr als zwei Personen am Gespräch teil, können der Fallgeber, die Moderation und der „Zeitwächter" bestimmt werden. Alle, die nicht Fallgeber sind, übernehmen neben den anderen „Jobs" gleichzeitig die Aufgabe der Fallberatung. Auch der Ablauf wird im Vorfeld bestimmt und folgt in der Regel einem einheitlichen Schema:

1. Sachliche Problemdarstellung durch den Fallgeber.
2. Persönliche Sicht auf das Problem durch den Fallgeber.
3. Fallberater reagieren und geben vergleichbare Erfahrungen und Empfindungen wieder.
4. Fallberater entwickeln Hypothesen zu den Entstehungsbedingungen und Auslösern für das Problem.

5. Fallgeber entwickelt aus den Rückmeldungen und mehrperspektivischen Deutungen eine neue Fallinterpretation und einen Lösungsansatz.
6. Dieser Lösungsansatz wird diskutiert.

Das „Ablaufschema der kollegialen Fallberatung" (Online-Material 6) stellt das Vorgehen detaillierter dar.

Die kollegiale Fallberatung ist eine Form der Unterrichtsberatung und eignet sich aus den angeführten Gründen für die sprachspezifische Reflexion und Analyse gemeinsam beobachteten und ggf. gemeinsam durchgeführten inklusiven Unterrichts.

3.2.6 Unterrichtsreflexion und Unterrichtsanalyse

Unterrichtsreflexion und Unterrichts-analyse

Mühlhausen (2006) kritisiert, dass der Begriff der Unterrichtsreflexion sehr allgemein für alle Formen des Nachdenkens über Unterricht verwendet wird. Seinem Vorschlag folgend wird hier zwischen Unterrichtsreflexion und Unterrichtsanalyse unterschieden.

Beobachtung, quantitative und qualitative Bewertung

Die Unterrichtsberatung kann als gemeinsame Reflexion oder Analyse gestaltet werden. Dabei wird unterschieden zwischen der Unterrichtsbeobachtung, -beschreibung und Bewertung bzw. Beurteilung der Beobachtungsgegenstände. Die Beobachtung und Beschreibung sollten strukturiert und systematisch nach den im Weiteren beschriebenen Kriterien erfolgen. Die Bewertung kann qualitativ und offen oder quantitativ mit Einschätzungsskalen erfolgen.

Eine Unterrichtsberatung mit dem Ziel der Unterrichtsreflexion oder -analyse kann als kollegiales Fallgespräch strukturiert werden. Im Fall der Zusammenarbeit als *Collaboration* oder *Cooperation* (Marvin 1990) ist dann auch gewährleistet, dass Beratungsnehmer und Berater gemeinsam an den Unterrichtssituationen teilgenommen oder sie zumindest beobachtet haben.

Die Strukturierung und Systematik der Unterrichtsbeobachtung sollte dabei den Gütekriterien der *Ökonomie*, ökologischer Validität und *Vielfalt* der qualitativ-interpretativen Unterrichtsforschung genügen (vgl. Krummheuer/Naujok 1999). Dabei wird sich der Methode der *teilnehmenden Beob-*

Definition:

Professionelles Reflektieren ist ein zielgerichtetes, planvolles Überlegen und Nachdenken vor, während oder nach einem Ereignis oder einer Handlung im beruflichen Kontext (vgl. Kroath 2004).

Definition:

Unterrichtsanalyse ist die methodisch begründete und theoriegeleitete systematische und strukturierte Untersuchung nach vorab festgelegten Kriterien.

Unterrichtsreflexion ist die Beurteilung erlebter Unterrichtssituationen nach selbst gewählten Kriterien. Dabei rücken die interessierenden Reflexionskriterien erst während des Reflexionsprozesses in den Mittelpunkt, sodass auch von revolvierender Unterrichtsanalyse gesprochen werden kann.

achtung bedient. Dies ist „das systematische Erfassen, Festhalten und Deuten sinnlich wahrnehmbaren Verhaltens zum Zeitpunkt seines Geschehens" (Atteslander 2006, 73). Die Erfassung und Wiedergabe der beobachteten pädagogischen Situationen „soll so ausführlich wie möglich erfolgen" und „soll darüber hinaus ‚anschaulich' sein" (Söntgen 1992, 26). Es „wird der dramaturgische Charakter des Ereignisses Unterricht zum Ansatzpunkt genommen" (Schorb 1983, 331). Die erzählende Beschreibung des Unterrichts gibt den Verlauf detailliert wieder und hat den Vorteil, „dass sie den Beobachter nicht einengt, aber den Nachteil, dass der Gegenstand der Beobachtung weitgehend [...] subjektiv" ist und Vergleiche schwierig sind (Helmke 2010, 288). Daher gibt es *Rating-Verfahren* mit vorgegebenen Antwortschemata, die eine quantitative Einschätzung unterschiedlicher Merkmalsausprägungen des beobachteten Unterrichts zulassen. Beispiele für solche Verfahren zur internen und externen Schul- und Unterrichtsevaluation stellt Helmke (2010) anschaulich dar.

Unterrichtsbeobachtung als Unterrichtsforschung

Die Unterrichtsbeobachtung ist eine etablierte Methode der Datenerhebung in der Unterrichtsforschung (Krummheuer/Naujok 1999, 76f.). Sie hat sich für kollegiale Formen der Überprüfung von Unterrichtsqualität bewährt. Die Unterrichtsbeobachtung ermöglicht es, die Interaktions- und Kommunikationsverläufe sowie Lehrer- und Schüleräußerungen präzise zum Zeitpunkt des Geschehens festzuhalten. Nachträgliche Befragung sind retrospektiv, die Erinnerungen an die Ereignisse lückenhaft und sprachstrukturelle Aspekte können nur ungenau wiedergegeben werden. Die teilnehmende Beobachtung durch den Sonderpädagogen erlaubt es auch, die Diskrepanz zwischen tatsächlichem und berichtetem Verhalten zu vermeiden. Gerade Unterrichtsverläufe, die als unangenehm oder misslungen empfunden wurden, können anders dargestellt werden. Effekte der sozialen Erwünschtheit somit können ausgeschlossen werden.

Einzelaufnahmen und Gesamtaufnahmen

Die Unterrichtsbeobachtung kann Einzelaufnahmen (Beobachtung einzelner Schüler oder Schülergruppen), Lehreraufnahmen (Lehrer und seine Beziehung zur Gruppe) und Gesamtaufnahmen beinhalten (Petersen et al. 1965; Söntgen 1992, 24f.).

Auflösungsvermögen

Das Auflösungsvermögen hängt von der Fragestellung, den Beobachtungsaufträgen und erfassten Datensorten ab, die jeweils in den vorangegangenen Beratungsgesprächen vereinbart wurden (Helmke 2010, 289).

Der Grundschullehrer bittet die Sonderpädagogin, bei der nächsten Unterrichtsstunde, auf sein Maß an Flexibilität bei unerwarteten Unterrichtsstörungen zu achten. Der Beobachtungsauftrag hat eine sehr geringe Auflösung, da keine klaren Indikatoren festgelegt werden.

In der nächsten Stunde bitte er darum, seinen Einsatz von lexikalischen Erweiterungen und grammatischen Korrekturen einem ausgewählten Schüler gegenüber zu beobachten. Der Beobachtungsauftrag hat eine sehr hohe Auflösung.

Beobachterübereinstimmung

Von großer Bedeutung bei der Unterrichtsanalyse sind die Übereinstimmung der beobachteten Unterrichtsmerkmale und die Zuverlässigkeit der Einschätzungen der Merkmale durch die Beobachter. Die Übereinstimmung der Gegenstände wird durch die gemeinsam formulierten Beobachtungsaufträge erreicht. Liegen für die beobachtenden Berater unterschiedliche Aufträge vor, lebt die Interpretation von der mehrperspektivischen Deutung in der Beratung. Bei einem gemeinsamen Beobachtungsgegenstand ist dessen Beurteilung umso zuverlässiger, je mehr verschiedene Beurteiler in ihrem Urteil über das Merkmal übereinstimmen.

Das wichtigste Gütekriterium ist jedoch die Gültigkeit *(Validität)* der Unterrichtsbeobachtung. Beobachterabhängige Grenzen der Reflexion schränken auch die Gültigkeit der Einschätzungen ein. Sie müssen als Bedingungen der Beratung reflektiert werden, um zu prüfen, ob das infrage stehende Merkmal beobachtet und eingeschätzt wurde. Der Grad der Inszenierung und Vorbereitung durch die Beobachtungssituation, die nicht erkannten Routinen und verinnerlichen Rituale der Lehrkraft, aber auch das Verhältnis zwischen Berater und Beratungsnehmer können die Zuverlässigkeit der Beobachtungen *(Reliabilität)* und die Gültigkeit der Einschätzungen *(Validität)* verzerren. Dies muss besonders bei den Formen der *Cooperation* und *Collaboration* berücksichtigt werden, wenn der beratende Sonderpädagoge Mitglied eines multiprofessionellen Teams in der inklusiven Grundschule ist. Die subjektiven, sozialen, institutionellen, biografischen und fachlichen Ebenen des Fallverstehens (→ Kapitel 3.2) kommen auch hier wieder zum Tragen. Die folgenden häufigen Verzerrungseffekte müssen bei der Unterrichtsbeobachtung und kollegialen Fallbesprechung berücksichtigt werden (vgl. Helmke 2010; Becker/Berthel 2010):

- **Milde-Effekt:** Der Berater kennt den Beratungsnehmer gut und beurteilt die beobachteten Merkmale sehr wohlwollend.
- **Strenge-Effekt:** Der Berater hat zum Beratungsnehmer keinerlei Beziehung und beurteilt unverhältnismäßig streng.
- **Nikolaus-Effekt (Recency-Effekt):** Die beobachteten Merkmale beruhen auf außergewöhnlicher Vorbereitung des Beratungsnehmers, weil das Einschätzungsverhalten des Beraters aus vorangegangenen Beratungen bekannt ist.
- **Hof- oder Halo-Effekt:** Die Einschätzung einzelner Unterrichtsereignisse, Verhaltensweisen oder Eigenschaften des Beratungsnehmers (Alter, Geschlecht, sprachliches Ausdrucksvermögen etc.) beeinflussen unverhältnismäßig stark den fokussierten Beobachtungsgegenstand.
- **Fehler der zentralen Tendenz:** Der Berater zögert vor extremen Einschätzungen aus mangelnder Fachkenntnis zu einem Beobachtungsgegenstand und gibt unentschlossene, unpräzise oder gemäßigte Einschätzungen ab.
- **Kleber-Effekt:** Der Berater wünscht sich perspektivisch eine künftige harmonische Zusammenarbeit im Team in der Schule, riskiert keine ungünstigen oder kritischen Einschätzungen und hält an vorangegangenen, gemäßigten Beurteilungen seiner Beobachtungen fest.

Beobachtungsunterschiede als Diskussionsgrundlage für die kollegiale Fallberatung

Die subjektiven Verzerrungen der Beobachtungen und Einschätzungen, die in der wissenschaftlichen Unterrichtsforschung als Messfehler definiert werden, stellen den Anlass der kollegialen Fallberatung dar. Die kollegiale Reflexion wird durch den gemeinsamen Erfahrungs- und Wissenshintergrund möglich. Helmke (2010, 302) zieht daher auch den Begriff der „Einblicknahmen in die Lehr-Lernsituation" vor statt von Evaluation zu sprechen.

Einblicknahmen

Diese Einblicknahmen sollten jedoch systematisch und strukturiert sein. Daher wurden verschiedene Analysesysteme aus der Unterrichtsforschung herangezogen, auf deren Grundlage Instrumente zur Beschreibung und Bewertung von Unterrichtsqualität entwickelt wurden (Helmke/Schrader 2008). Aus den Beobachtungskategorien dieser Analysesysteme sollen im Folgenden spezifische Planungsvariablen für den Förderschwerpunkt Sprache abgeleitet werden, die dann zur Unterrichtsreflexion in der kollegialen Fallberatung herangezogen werden können.

Grundsätze der Unterrichtsqualität

Allgemeine Grundsätze für Unterrichtsqualität wurden bereits von Brunnhuber 1971 mit den Stichwörtern *Motivierung, Zielorientierung, Strukturierung, Aktivierung, Angemessenheit und Leistungssicherung* zusammengefasst. Eine international verbreitete Zusammenstellung von Planungsvariablen der Unterrichtsqualität stammt von Brophy (2000; vgl. auch Helmke/ Schrader 2008, 18).

Merkmale des Förderschwerpunktes Sprache im Unterricht

Die Merkmale des Förderschwerpunkts Sprache lassen sich mit folgenden *Leitfragen* auch auf die Anforderungen und Merkmale für einen sonderpädagogischen Förderschwerpunkt Sprache übertragen:

- **Unterstützendes Klassenklima:** Wie geht die Lerngruppe mit Kommunikationsbehinderungen bei Sprachbeeinträchtigungen um?
- **Lerngelegenheiten schaffen:** Werden „kommunikationsförderliche [...] Unterrichtssituationen [...] hergestellt, [...] in denen [...] die Schüler [...] Interesse an der Weiterentwicklung ihrer sprachlichen Handlungskompetenz“ (KMK 1998, 8) unter den Bedingungen ihrer Beeinträchtigungen entwickeln können?
- **Orientierung am Curriculum:** Werden sprachheilpädagogische Unterstützungsmaßnahmen und sprachtherapeutische Interventionen sinnvoll in die Unterrichtsinhalte und -ziele eingebunden?
- **Lern- und Aufgabenorientierung schaffen:** Entwickeln die Schüler die Motivation, Unterrichts- und individuelle Förderziele gleichermaßen zu verfolgen?
- **Inhaltliche Kohärenz:** Folgen die individuellen und allgemeinen Sprachförderziele in den Unterrichtsphasen und die Unterrichtseinheit einem „roten Faden“?
- **Inhalte anwenden, üben und sichern:** Werden Übungen zu sprachlichen Zielstrukturen (‚Pattern‘ als Anstoß für sprachliche Lernprozesse, Motsch 2010, 104) angeboten und sinnvoll in Unterrichtsinhalte eingebunden?
- **Aktivierende Unterrichtskommunikation:** Werden Rahmenbedingungen geschaffen, „die eine erfolgreiche Kommunikation für alle Beteiligten ermöglichen und sprachliches Lernen begünstigen?“ (KMK 1998, 10).
- **Individuelle Unterstützung und Hilfen:** Werden individuelle sprachtherapeutische Maßnahmen im Unterricht geplant oder situativ sinnvoll eingesetzt, die helfen, „sprachliche Beein-

trächtigungen zu bewältigen und zur Entwicklung der sprachlichen Fähigkeiten“ (KMK 1998, 13) beitragen?
- **Lernstrategien reflektieren:** Werden metasprachliche Reflexionsstrategien sinnvoll im Unterrichtsverlauf eingebunden?
- **Kooperative Lernsituationen schaffen:** Werden Arbeits- und Sozialformen gewählt, in denen gleichaltrige Schüler als sprachliche Vorbilder zur Verfügung stehen und Gelegenheit bieten, „erworbene sprachliche [...] Fähigkeiten [...] in natürlicher Weise zu erproben?“ (KMK 1998, 14).
- **Leistungsbeurteilung nach transparenten Kriterien:** Werden durch spezifisches Lob auch individuelle Rückmeldung zu sprachlichen Leistungen gegeben (vgl. Reber/Schönauer-Schneider 2011)?
- **Hohe Leistungserwartung der Lehrkraft:** Werden in metasprachlichen Reflexionsgesprächen Vergleiche und Bezüge zu erwartungsgemäßem Sprachgebrauch und den individuellen Realisierungen hergestellt (vgl. Motsch 2010, 112f.)?

Bereiche zur Unterrichtsbeurteilung

Mit Bezug auf diese Merkmale der Unterrichtsqualität nach Brophy (2000) und vergleichbare Faktoren nach Ditton (2000) und auch Meyer (2008) stellte Helmke (2010) die folgenden Bereiche für ein Rating-Instrument zur Beschreibung und Beurteilung allgemeiner Unterrichtsqualität zusammen:

1. Klassenmanagement
2. Lernförderliches Klima, Motivierung
3. Strukturierung, Konsolidierung
4. Aktivierung
5. Differenzierung
6. Akzentuierung überfachlicher Kompetenzen

Einblicknahme in die Lehr-Lern-Situation (ELL)

Der Unterrichtsbeobachtungsbogen „Einblicknahme in die Lehr-Lern-Situation (ELL)“ wurde von Helmke (2010, 292ff.) für externe Schulevaluationen in Schleswig-Holstein und Rheinland-Pfalz entwickelt. Dieser Rating-Bogen ELL „enthält einzelne Aussagen (Items), deren Zutreffen und Nichtzutreffen beurteilt werden muss“ Helmke (2010, 292ff.). Er wird im folgenden Kapitel vorgestellt und für den Förderschwerpunkt Sprache adaptiert.

Helmke, A. (2010): Unterrichtsqualität und Lehrerprofessionalität. Kallmeyer, Seelze/Velber

3.2.7 Kriterien für die Unterrichtsreflexion mit dem Förderschwerpunkt Sprache

Strukturierungshilfe in der Beratung

Mit Bezug auf den Beobachtungsbogen „Einblicknahme in die Lehr-Lernsituation" nach Helmke (2010) und unter Berücksichtigung allgemeiner Prinzipien sprach- und kommunikationsfördernden Unterrichts (Motsch 2010, Reber/Schönauer-Schneider 2011; Seiffert 2008, Mußmann 2006) werden die in der nachfolgenden Aufzählung dargestellten Kriterien für die Unterrichtsreflexion mit dem Förderschwerpunkt Sprache vorgeschlagen (vgl. Mußmann 2012b). Sie können als *Strukturierungshilfe in der Unterrichtsreflexion und -analyse* im Rahmen kollegialer Fallberatung mit Grundschullehrkräften und Sonderpädagogen mit dem Förderschwerpunkt Sprache im inklusiven System dienen.

1. **Gruppenleitung**
   - Der beobachtete Zeitraum wird für geplante Lerninhalte und Unterstützungsangebote genutzt.
   - Die Lehrperson überblickt alle Schülerinteraktionen.
   - Aufgeforderte Schüleräußerungen sind für alle verständlich.
   - Die Lehrperson erkennt sofort sprachliche und kommunikative Barrieren und unterstützt unmittelbar (Sprachassistenz, vgl. Seiffert 2008, Oliveira-Mußmann/Mußmann 2009).
2. **Lernförderliches Klima, Motivierung**
   - Der Umgang zwischen Lehrperson und Schülern ist wertschätzend.
   - Die Lernsituationen erscheinen verlässlich und angstfrei.
   - Die Sprecherwechsel werden angemessen gestaltet.
   - Es werden situativ sinnvolle Lebensweltbezüge hergestellt.
   - Es werden situativ sinnvolle Hinweise für die gegenwärtige oder zukünftige Relevanz des Lerninhaltes gegeben.
   - Die Lehrperson gibt allgemeine Rückmeldungen zu Schülerbeiträgen.
3. **Strukturierung, Konsolidierung**
   - Der Schwerpunkt des Unterrichtsinhaltes wird deutlich gemacht.
   - Sprachliche Förderziele für die Lerngruppe werden ggf. deutlich gemacht.

- Der Unterrichtsverlauf wird erkennbar gegliedert.
- Die Lehrperson formuliert Aufträge und Unterrichtsinhalte den Schülern angemessen klar.
- Zusammenhänge zwischen vorangegangenen und zukünftigen Unterrichtsinhalten werden hergestellt.
- Es finden Phasen zum Üben der schwerpunktmäßigen Unterrichtshalte statt.

4. **Aktivierung**
   - Die Schüler sind aufmerksam bei Beiträgen der Lehrperson.
   - Die Schüler sind in eigenen Arbeitsphasen aktiv.
   - Die Schüler gestalten Unterrichtsinhalte und -verlauf konstruktiv mit.
   - Die Schüler reflektieren eigenaktiv ihre selbstständigen Lernwege und Lösungen.
   - Die Lehrperson schafft Arbeits- und Sozialformen, die alle Schüler beteiligen.
5. **Differenzierung**
   - Es werden Unterrichtsphasen mit Sozialformen geschaffen, die individuelles Lernen ermöglicent.
   - Die Sozialformen werden an die individuellen sprachlichen und kommunikativen Fähigkeiten der Schüler angepasst.
   - Die Medien werden an die individuellen sprachlichen und kommunikativen Fähigkeiten der Schüler angepasst, wenn es die Arbeitsform erfordert.
   - Es werden Aufgaben und Übungen an die individuellen sprachlichen und kommunikativen Fähigkeiten der Schüler angepasst.
   - Es werden Helfersysteme angeboten, in denen sich Schüler untereinander Unterstützung anbieten können.
6. **Akzentuierung überfachlicher Kompetenzen**
   - Der Unterrichtsverlauf unterstützt insgesamt Hilfsbereitschaft, Kooperation, Respekt und Toleranz unter den Schülern.
   - Der Unterrichtsverlauf unterstützt insgesamt die Selbständigkeit und Reflexion von Lernstrategien der Schüler.

Förderschwerpunkt Sprache

7. **Förderschwerpunkt Sprache**
   - Die Unterrichtsphasen ermöglichen der Lerngruppe im angemessenen Wechsel sprachliche Rezeption, Reflexion und Produktion (Modalitätenwechsel; Motsch 2010, 115f.).

- Es werden Kommunikationssituationen geschaffen, die spezifische sprachliche Zielstrukturen erfordern (zwingende Kontexte; Motsch 2010, 115f.).
- Die Lehrkraft schafft durch Sozial- und Arbeitsformen Freiräume, um mit folgenden Strategien einzelne Schüler individuell zu unterstützen (Kernmerkmale des Förderschwerpunktes Sprache):
  - Die Lehrkraft gibt sprachspezifisches Lob (vgl. Reber/ Schönauer-Schneider 2011).
  - Die Lehrkraft bietet angemessene Anlässe zur metasprachlichen Reflexion.
  - Die Lehrkraft lenkt die Aufmerksamkeit durch akzentuierte Sprechweise auf geforderte Zielstrukturen.
  - Die Lehrkraft präsentiert situativ angemessen und individuell modellhaft sprachliche Zielstrukturen oder gibt korrigierende oder erweiternde Rückmeldungen.
  - Der Schüler erhält Gelegenheiten, demonstrierte, reflektierte und erprobte Zielstrukturen in anderen Zusammenhängen des Unterrichtsverlaufs zu üben und anzuwenden.

Kernmerkmale

Diese Kriterien der Beschreibung der Unterrichtsqualität mit dem Förderschwerpunkt Sprache können in der kollegialen Fallberatung eingeschätzt werden. Sie lassen sich aber auch wie bei dem ELL nach Helmke (2010) mit einer vierstufigen Rating-Skala (trifft nicht zu – trifft eher nicht zu – trifft eher zu – trifft zu) bewerten, um über einen langfristigen Beobachtungszeitraum Veränderungen der Profile der Unterrichtsgestaltung der Lehrkräfte zu vergleichen und zu verfolgen.

4 Didaktik für den Förderschwerpunkt Sprache im inklusiven Unterricht

In Kapitel 3.2.6 wurden die Kernmerkmale des Unterrichts mit dem Förderschwerpunkt Sprache anhand von übergreifenden Kriterien der Qualität inklusiven Unterrichts vorgestellt, die für die Unterrichtsreflexion und –analyse im Rahmen der Beratung herangezogen werden können. Diese Kriterien werden aus Sicht der Experten in der Praxis als Qualitätsmerkmale sprachheilpädagogischen Unterrichts bestätigt, wie eine Befragung von 74 Lehrkräften mit dem Förderschwerpunkt Sprache durch Theisel/Glück (2012) bestätigt. Die Merkmale stellen daher gleichzeitig Planungsprinzipien des Unterrichts dar, die im Folgenden didaktisch begründet und methodisch veranschaulicht werden sollen.

Inklusiver Unterricht, der den Förderschwerpunkt Sprache berücksichtigt, gründet sich auf ein allgemeinpädagogisches didaktisches Modell, das die sprachlich-kommunikativen Voraussetzungen einzelner Schüler und individualisierte sprachlich-kommunikative Lernangebote, Herausforderungen und unterstützende Hilfen für diese bei der Planung und Durchführung berücksichtigt.

Die zu berücksichtigen Planungsfaktoren bestimmen dann,

- wer (Lehrer-Schüler-Interaktion),
- mit wem (Arbeits- und Sozialformen),
- wann (Unterrichtsphasen),
- was (Unterrichtsinhalte),
- wie (Unterrichtsmethoden),
- womit (Unterrichtsmedien),
- warum (Unterrichtsziele) und
- wo (Lernsettings im Klassenraum) im Unterricht macht.

4.1 Setting für den Förderschwerpunkt Sprache

spezialisierte Schule

In allen Bundesländern in Deutschland haben sich verschiedene spezialisierte Schulen als separate Organisationsformen entwickelt, die zwar als Sonder- bzw. Förderschulen gelten, als sogenannte Sprachheilschulen aber den curricularen Vorgaben der zuständigen Ministerien bzw. Behörden für die allgemeinbildenden Schulen folgen. Diese Schulen werden in den Ländern, die sie noch anbieten, mit unterschiedlichen Bezeichnungen geführt (z.B. Förderschule mit dem Schwerpunkt Sprache, Sprachheilschule, Schule zur Sprachförderung) und sind als sogenannte *„Durchgangsschulen"* konzipiert, d.h. sie beabsichtigen eine frühe und hohe Quote der Rückschulung an die Regelschulen. Die meisten Sprachheilschulen konzentrieren sich daher auf den Grundschulbereich.

spezialisierte Lerngruppe in Regelschulen

Daneben haben sich in den vergangenen Jahren zahlreiche unterschiedliche integrative Konzepte entwickelt, die sich als separate, spezialisierte Lerngruppen in der regulären Organisationsform der Regelschule charakterisieren lassen. Diese stellen *Kleinklassen* dar, die in Phasen einzelner Unterrichtsfächer oder vollständig durch Sonderpädagogen geleitet werden. Auch dafür haben sich unterschiedliche Bezeichnungen (z.B. Kooperationsklasse, Sprachheilklasse, Integrationsklasse) mit leicht verschiedenen schulrechtlichen und konzeptionellen Formen etabliert.

KMK-Empfehlungen 1994

Seit den Empfehlungen zur sonderpädagogischen Förderung der Kultusministerkonferenz von 1994 bedarf die Unterrichtung an Sonderschulen grundsätzlich einer besonderen Begründung und es gilt das *Prinzip von Wohnort- und Familiennähe des Lernortes der Schüler* mit sonderpädagogischem Förderbedarf unter dem Vorbehalt der erforderlichen personellen und materiellen Ausstattung an den Regelschulen. Mit einem „Umbau" des Förderschulwesens entstanden in vielen Bundesländern für den Förderschwerpunkt Sprache *netzwerkbasierte, sonderpädagogische Unterstützungssysteme* zwischen den Regelschulen und den Förderschulen. Innerhalb dieser Netzwerke entwickeln sich die Förderschulen mehr und mehr zu Beratungszentren. Im Fall einer Bedarfsanmeldung wird der Regelschule sonderpädagogische Förderung angeboten *(Subsidiaritätsprinzip)*. Regelschullehrkräfte unterrichten Schüler mit und ohne sonderpädagogischen Förderbedarf *(gemeinsamer Unterricht)* und erhalten stundenweise Unterstützung durch Sonderpädagogen, die im Rahmen eines sogenannten *„Mobilen"* oder *„Ambulanten Dienstes"* von einem Beratungs- und Förderzentrum an die Grundschule reisen. Die Feststellung eines „sonderpädagogischen Förderbedarfs" durch die Sonderpädagogen selbst führt aber zum „Ressourcen-Förderungs-Dilemma" (Füssel/Kretschmann 1993; → Kapitel 1.2).

Grohnfeldt, M. (2007): Institutionen der Sprachheilpädagogik im schulischen Bereich. In: Schöler, H./Welling, A. (Hrsg.): Handbuch Sonderpädagogik. Band 1: Sonderpädagogik der Sprache. Hogrefe, Göttingen, 520–530

4.2 Planungsmodell für den Förderschwerpunkt Sprache

Eine spezielle inklusive Didaktik gibt es ebenso wenig wie eine exklusive Didaktik für den Förderschwerpunkt Sprache. Didaktische Variablen eines Unterrichts, der allen Kindern mit Lernangeboten und barrierefreiem Bildungszugang gerecht werden soll, werden durch die individuellen sprachlichen und kommunikativen Voraussetzungen der Schüler bestimmt. Gleichzeitig richten sich Ziele und didaktische Prämissen des Förderschwerpunktes Sprache nach den allgemeinpädagogischen Planungsvariablen (wie Sozialform, Medium oder Inhalt) des Unterrichts.

inklusive Didaktik bestimmt Förderschwerpunkt Sprache

In diesem gegenseitigen Verhältnis der sprachspezifischen Anforderungen und den allgemeindidaktischen Prämissen kann gesagt werden, dass Zielsetzung und Methoden des sonderpädagogischen Förderschwerpunktes im inklusiven Unterricht von Unterrichtsstunde zu Unterrichtstunde und von Inhalt zu Inhalt variieren. Dort, wo spezifische und individualisierte Unterstützung und Hilfe notwendig sind, die sich nicht gleichzeitig an die gesamte Lerngruppe richten (→ Kapitel 1.3), erhält der Förderschwerpunkt exklusiven methodischen Charakter und setzt Flexibilität und Toleranz bei der gesamten Lerngruppe und der Lehrkraft voraus (vgl. Mußmann 2012a, b). Inklusion kann zwar als optimierte und erweiterte Integration (Sander 2004) und dementsprechend eine „[i]nklusive Didaktik [...] als Weiterentwicklung vorliegender Ansätze integrativer Didaktik verstanden werden" (Seitz 2006). Die Notwendigkeit einer exklusiven Professionalität (Glück/Mußmann 2009), die spezifische Entwicklungsbereiche bei der Beschreibung der Lernvoraussetzungen der inklusiven Lerngruppe in Blick nimmt, ist jedoch unbestritten, denn „[i]nklusive Didaktik konstituiert sich über einen diagnostischen Blick, der Gemeinsamkeit und Verschiedenheit [...] einer Lerngruppe zu erkunden sucht" (Seitz 2006).

didaktische Modellbildung

Die didaktische Modellbildung im inklusiven Unterricht mit einem Förderschwerpunkt Sprache bedient sich daher bestehender Positionen wie des *Hamburger Modells* der lerntheoretischen

Didaktik nach Schulz (1981) und der bildungstheoretischen Grundlegung der *kritisch-konstruktiven Didaktik* nach Klafki (2007). Dafür werden im Rahmen einer didaktischen Strukturanalyse Unterrichtsziele und individuelle Förderziele, Unterrichtsthemen, -methoden und -medien und ihre Zugänglichkeit und Relevanz für die Schüler (Klafki 2007) mit ihren jeweiligen Voraussetzungen geprüft (→ Abbildung 12). Dabei werden Pro-

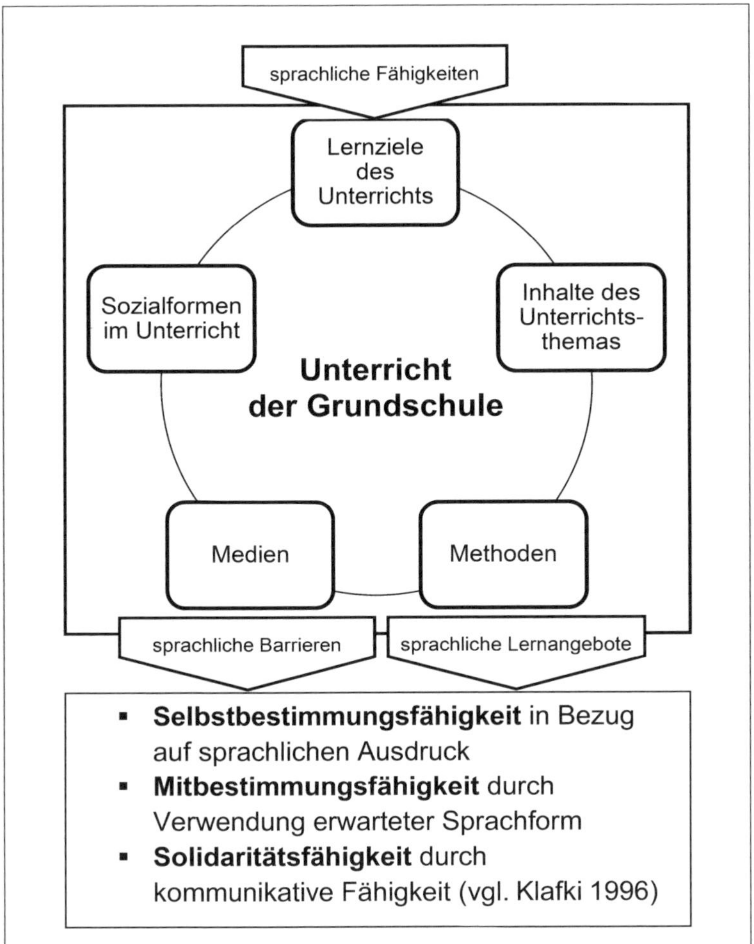

Abb. 12: Planungsmodell für den Unterricht mit dem Förderschwerpunkt Sprache

zessvariablen wie die Perspektivplanung für die Lerngruppe, Möglichkeiten der Planungskorrekturen durch unvorhergesehene Ereignisse sowie die individuellen Förderziele der Schüler berücksichtigt (Schulz, 1981).

Umrissplanung

Für die Umrissplanung ganzer Unterrichtseinheiten und einzelner Stunden bestimmt das Planungsmodell

- die (sprachliche, kognitive und emotionale) Lernausgangslage, also die Fertigkeiten und Fähigkeiten,
- die Vermittlungsvariablen, also Methoden, Medien und Sozialformen;
- es prüft die soziokulturellen und anthropogenen Bedingungen, also z. B.
  - die Relevanz der Gemeinde, des Stadtteils,
  - die Relevanz der Uhrzeit und Jahreszeit,
  - die Relevanz tagespolitischer Ereignisse,
  - die Rolle weiterer beteiligter Professionen im Unterricht, also Integrationshelfer, Therapeuten, Lehrer etc. und
- es identifiziert eventuelle sprachlich-kommunikative Barrieren (→ Kapitel 4.3).

Das hier adaptierte *Hamburger Modell* (Schulz 1981) mit dem Förderschwerpunkt Sprache verfolgt weiterhin bildungstheoretisch begründete Ziele im Sinne der *kritisch-konstruktiven Didaktik* (Klafki 2007):

*Der Schüler soll lernen, nach Kontext und Anlass **selbst** über die Form seines sprachlichen Handelns unter den Bedingungen seiner sprachlich-kommunikativen Einschränkung zu **bestimmen**, gleichzeitig nach Kontext und Anlass durch Orientierung an erwartungsgemäßes sprachliches Handeln das Maß an eigener **Mitbestimmung** zu erhöhen, dabei durch das Erleben erfolgreicher Kommunikation **Solidarität** zu erfahren und durch erfolgreiches kommunikatives Handeln solidarisch zu agieren.*

4.3 Sprachliche Barrieren

Die Begriffe der *Sprachbarriere* oder *sprachlichen Barriere* werden üblicherweise soziologisch gefasst als intralinguistische oder interlinguistische Hindernisse in der Kommunikation.

intralinguistische Barrieren

Bei intralinguistischen Barrieren handelt es sich um Barrieren innerhalb einer Sprachgemeinschaft, die soziolektal bedingt sind

(z. B. sozialisatorisch bedingtes und schichtenspezifisches Sprachverhalten, vgl. Bernstein 1971) oder die sich aus dem Verhältnis von Fach- und Allgemeinsprache ergeben.

interlinguistische Barrieren

Interlinguistische Barrieren ergeben sich durch unterschiedliche Verkehrssprachen zwischen verschiedenen Sprachgemeinschaften meist unterschiedlicher Herkunftsländer oder Regionen.

4.3.1 Sprachliche Barrieren aus sprachheilpädagogischer Sicht

Im Fokus der sprachheilpädagogischen Betrachtung von Barrieren stehen also mikrolinguistische Probleme der interpersonalen und medial begleiteten Kommunikation bei einer verzögerten oder gestörten Entwicklung der Erstsprache.

Sprachliche Barrieren können verstanden werden als

- lautsprachliche oder
- schriftsprachliche Darbietungen (z.B. alltagssprachliche Äußerung oder ein Text) und deren
- akustische, visuelle und grafische Bedingungen, die Menschen mit Beeinträchtigungen der sprachlichen Rezeption und Produktion (z.B. mit spezifischen Sprachentwicklungsstörungen oder im Zusammenhang mit genetisch bedingten Syndromen) beim inhaltlichen Verstehen und dem Nachvollzug der Sprecherintention behindern.

Definition:

Im sonderpädagogischen Kontext mit dem Förderschwerpunkt Sprache werden **sprachliche Barrieren** definiert als Ko-Produktion von individuellen und gesellschaftlichen sprachlich-kommunikativen Erwartungen und pathologischen Phänomenen in der Entwicklung der Erstsprache (→ Kapitel 2.1).

Auf der *produktiven Seite* können Sprachbarrieren verstanden werden als sprachstrukturelle und kommunikative Anforderungen (geforderter Satzbau oder Erwartungshaltung des Gesprächspartners), die im sprachlichen Handeln einschränken oder behindern.

Grundsätzlich lassen sich für Kinder mit rezeptiven und produktiven Sprachstörungen folgende allgemeine, potenzielle Barrieren im Unterricht und in der Schule ausmachen:

- **Räumliche Verhältnisse** mit hohem Anteil an Nebengeräuschen und starkem Reflexionsschall (vgl. Glück 2010, 10),

- dynamische, selbstgesteuerte und offene **Sozialformen** und Unterrichtsmethoden mit hohem Anteil an Hintergrundgeräuschen und nicht intendierter Sprache anderer Schüler, die die Wahrnehmung verbal-akustischer Informationen erschweren,
- Tempo, Länge, Form und Abstraktion der **Lehreräußerungen** und
- sprachliche und kommunikative **Erwartungshaltungen** der Lehrkräfte und sprachlich altersgemäß entwickelter Mitschüler.

In den folgenden Abschnitten soll gezeigt werden, wie sprachliche Barrieren in der Unterrichtsdurchführung erkannt und vermieden werden können.

Barrieren in der Schriftsprache

Im Bereich des Lesens und Schreibens können grafische und graphemische Form und textuelle Komplexität schriftsprachlicher Darstellung Hindernisse darstellen. Folgende Aspekte zur Vereinfachung von Texten sollten daher insbesondere bei der Erstellung eigener Texte für Aufgaben oder Geschichten beachtet werden (Reber/Schönauer-Schneider 2011):

- Schwierige Wörter können durch kleine Abbildungen ersetzt oder ergänzt werden.
- Silben können in unterschiedlichen Graustufen dargestellt werden.
- Die Schriftgröße sollte angemessen sein.
- Die Zeilenumbrüche sollten zur Förderung der Sinnentnahme an geeigneter Stelle vorgenommen werden.
- Auf Zeilennummerierung und Silbentrennung sollte zunächst verzichtet werden.
- Der Gesamttext sollte eine angemessene Länge haben.

4.3.2 Beispiele sprachlicher Barrieren

Auch die verbalsprachlichen oder außersprachlichen Anforderungen einer Unterrichtsstunde, die inhaltliche und syntaktische Struktur sowie das Wortfeld eines Unterrichtsthemas oder die verbale, akustische, grafische oder visuelle Struktur eines Mediums und seiner Bezeichnung können sprachspezifische Barrieren darstellen. Folgende Beispiele sollen dies verdeutlichen.

Anforderungen auf phonetisch-phonologischer Ebene: Lernwörter oder Fachwörter können Lautstrukturen enthalten, die

Kinder mit Aussprachestörungen nicht ohne Unterstützung erwartungsgemäß aussprechen können.

Anforderung auf semantisch-lexikalischer Ebene: Wichtige Lernwörter, Fachwörter und Fremdwörter sind oft abstrakt und nur schwer zu veranschaulichen. Weiterhin kann die Lehrersprache Ausdrücke enthalten, die auf gedachte oder als bekannt vorausgesetzte Inhalte verweisen (Implikationen), ohne dass dieser Bezug weiter ausgeführt wird (vgl. Bindel 2002).

Fachsprache und Fachbegriffe: Besonders im naturwissenschaftlichen Bereich müssen Fachbegriffe Redundanzen vermeiden, Inhalte komprimieren und Informationen präzisieren und objektiv darstellen – unabhängig von den ausführenden Personen.

In Fachsprachen finden sich häufig eindeutig definierte Wörter mit wenig metasprachlichem Interpretationsspielraum („Kraft", „Wärme"), da die Fachbegriffe für jeden Benutzer im sachlogischen Kontext die gleiche Bedeutung haben müssen. Dies setzt voraus, dass diese Fachbegriffe im Vorfeld erläutert werden. Eine zusätzliche Schwierigkeit entsteht, wenn der Begriff auch in der Allgemeinsprache verwendet wird und dort ganz unterschiedliche Bedeutungen erhält, z. B. „Kraft" als „Geisteskraft", „Wasserkraft", „Kaufkraft".

Weitere Merkmale von Fachbegriffen und Fachsprachen, die im Unterricht beachtet werden müssen, sind oftmals zusammengesetzte Substantive (Komposita, z.B. Landschaftsschutzverordnung, Kiesschicht), die Verwendung von Passivkonstruktionen („Dem Wasser wird dies hinzugegeben.") und unpersonalem Stil („Man darf nicht ..."). Darüber hinaus werden oft Abkürzungen (kg) verwendet und komplexe Satzgefüge wie Konditionalsätze („Wenn das Wasser hier hineinfließt ...") oder Relativsätze („Das Wasser, das durch diese Schicht sickert, ..."; Mitterhuber 2008).

explizieren

Werden solche Merkmale im Vorfeld berücksichtigt, können Alternativen entwickelt werden, indem z. B. Komposita aufgelöst („Eine Schicht aus Kies"), Aktivkonstruktionen verwendet („Ich gieße die Flüssigkeit in das Wasser."), Ausdrücke personalisiert („Du darfst nicht ..."), Abkürzungen mit der vollständigen Bezeichnung und/oder ergänzenden Abbildungen ausgeführt werden und die komplexe Syntax vereinfacht wird („Das Wasser sickert durch diese Schicht. Dann ...").

Implikationen: Oft wird weniger gesagt, als gemeint wird, da die situativ relevanten Informationen als bekannt und die Sprecherintention aus dem gemeinsamen Handlungskontext heraus als verstehbar vorausgesetzt wird („Er macht das jetzt.“: Wer macht was wann genau?). Das kann zu Missverständnissen führen. Im Unterricht sollten Zeiträume geschaffen und Anlässe genutzt werden, das Gemeinte lexikalisch zu explizieren, um die protolinguistische Struktur der gemeinsamen Handlungssituation mit der Satzstruktur modellhaft zu präsentieren („Sören wird gleich rübergehen und uns dann die Kiste bringen.“).

Mußmann, J. (2005): Die „Theory of Mind“ als psychologische Kategorie sprachheilpädagogischer Diagnostik. L.O.G.O.S. Interdisziplinär Jg. 13, Ausg. 3, 180 – 186

Explikationen und Ablenker

Stehen jedoch für einzelne Schüler oder die Lerngruppe in einer bestimmten Unterrichtssequenz spezifische morphologisch-syntaktische Zielstrukturen als Förderziele im Mittelpunkt, können syntaktisch vollständige Explikationen ablenken und sollten vermieden werden.

Zeigewörter: Die Lehrersprache kann viele deiktische Ausdrücke (Zeigewörter) und damit viele Implikationen enthalten, die eventuell nicht ohne weitere Verweise verstehbar sein können und ggf. expliziert werden sollten: z. B.

- Personalpronomen („er“, „sie“, „es“: Wer ist genau gemeint?),
- Demonstrativpronomen („dieser“, „jener“: Welcher genau?),
- Lokaladverbien („hier“, „dort“: Wo genau?),
- temporale Deixis („jetzt“, „dann“: Wirklich jetzt oder erst gleich?),
- Tempusformen („er geht“: Oder wird er erst gleich gehen?),
- Hinweise auf unscharfe kausale oder temporale Zusammenhänge („schon“, „eigentlich“).

Synonyme: Häufig werden von der Lehrkraft für einen gemeinsamen Lern- und Handlungsgegenstand unterschiedliche Begriffe beiläufig verwendet. Sie benennt z. B. das Aufgabenblatt in einer Sequenz mal als „Papier“, „Zettel“, „Bogen“, „Blatt“ oder „die Aufgaben hier“. In einer Lerngruppe sollte die Verwendung von gleichbedeutenden Begriffen (Synonymen) auch in beiläufigen Gesprächen geplant umgesetzt oder ggf. vermieden werden. Medien oder Gegenstände, die für das Verständnis von Arbeitsaufträgen oder bestimmten Zielstrukturen wichtig sind, sollten zunächst eindeutig benannt werden. Zur Wortschatzerweiterung können später die Synonyme eingeführt und besprochen werden.

Außersprachliche Bezüge und Metaphern: Auch Äußerungen, die nur durch eine besondere Sprechmelodie (Ironie) oder die Entschlüsselung von Metaphern (z.B. Humor, Redewendungen) zu verstehen sind, können für Schüler mit Sprachverständnisschwierigkeiten Probleme darstellen. Sie sollten entweder vorher oder zusätzlich erläutert oder ganz vermieden werden. Die folgenden Beispiele verdeutlichen dies:

Probleme bei Ironie

„Mach bloß weiter so!" kann auch als Aufforderung statt als Warnung verstanden werden.

Bedeutung durch Intonation: „Du machst das schon!" kann auch als sachliche Vorgangsbeschreibung statt als Ermutigung verstanden werden.

Metapher: „Der Fahrer ist eine Schnecke!"

Anforderungen auf syntaktisch-morphologischer Ebene: Stehen in einer spezifischen Fördersituation oder Unterrichtssequenz für einen Schüler oder die Lerngruppe spezifische morphologisch-syntaktische Zielstrukturen als Förderziele im Mittelpunkt, kann der „ganze Satz" mit allen Explikationen verwirren oder vom eigentlichen sprachlichen Lernziel ablenken. Dann ist nicht das Sprechen „in ganzen Sätzen", sondern die Konzentration auf die kürzeste Zielstruktur die geeignete Form der Unterstützung im sprachlichen Lernprozess. Das Motto lautet: „Sprich nicht in ganzen Sätzen!" (Motsch 2010, 109; Berg 2011, 35f.).

Satzteile, die ablenken I

Als Zielstruktur für Jasmin wurde in dieser Unterrichtseinheit unter anderem die subordinierende Konjunktion „weil" zur Nebensatzkonstruktion mit der Endstellung des finiten Verbs als Sprachförderziel geplant. In einem Rollenspiel zum Thema „Straßenverkehr" fragt sie: „Und warum fährt er jetzt los?" Die Antwort der Lehrkraft ganzen Satz wäre: „Er fährt los, weil die Ampel grün ist." Für Jasmin könnte es eine Unterstützung sein, ihr in dieser Situation die Fokussierung auf die Zielstruktur mit betonter Akzentuierung ohne Ablenker (Berg 2011, 36) anzubieten: „Weil die Ampel grün ist."

Satzteile, die ablenken II

Insbesondere bei Übungen zur deutschen Verbstellungsregel sollten Rückmeldungen in eindeutigen Zielstrukturen präsentiert werden. Für Natascha wurde in dieser Unterrichtseinheit die Verbzweitstellung in den Mittelpunkt der Sprachförderung gestellt. Im Rollenspiel zum „Straßenverkehr" erläutert die Lehrkraft: „Ich fahre los, wenn die Ampel grün ist". Der Satz kann Natascha in ihrem aktuellen sprachlichen Lernprozess verwirren, weil er einen Nebensatz mit der Endstellung des finiten Verbs enthält. Eine sinnvolle Alternative ohne Verwirrer (Berg 2011, 37) könnte lauten: „Die Ampel ist grün. Ich fahre los."

4.4 Medien

Medien spielen im Förderschwerpunkt Sprache eine zentrale Rolle. Zum einen sind die Unterrichtssprache und die bewusst gestaltete Lehrersprache Medien metasprachlicher Reflexionsmöglichkeiten oder Sprache wird selbst zum Gegenstand durch spezifische Interventionsformen (→ Kapitel 4.5).

Zum anderen ist sie aber auch das begleitende Medium des Handelns am gemeinsamen Lerngegenstand.

Definition:

Medien als gemeinsame Lerngegenstände sind Objekte zur Veranschaulichung von Inhalten oder Mittel zur Unterstützung von Lernprozessen.

Funktion der Medien

Im Unterricht haben sie zum einen die Funktion der *Demonstration und Präsentation.*

Mobiles mit Ober- und Unterbegriffen, Spiele zum Sortieren von Abbildungen, Realgegenständen oder Wortkarten unterschieden nach z. B. Eigenschaften (Farbe, Größe), syntaktischen Eigenschaften (Wortarten, Genus) oder Fähigkeiten (kann springen, schwimmen, fliegen), Objekte, die Laute oder Satzbau evozieren (abrufen) sind Medien zur Demonstration von Sprachstrukturen durch handlungsbegleitendes Sprechen.

Die Dreidimensionalität des Mediums als Realobjekt (vom Regenwurm bis zum Computerarbeitsplatz), der Aufbau jeder Abbildung (vom Stadtplan bis zum Picasso-Nachdruck) und die zeitlichen Vorgänge und Abläufe von Medien und bei Sozialformen, z.B. bei physikalischen Experimenten oder in der Diskussion im Klassenrat, können auf immanente sprachliche und kommunikative Struktur hin untersucht werden, um für einzelne Schüler sprachliche Lernangebote herauszuheben.

Phonetische Zielstrukturen im Wortkontext suchen

Paul hat mit 7 Jahren den sogenannten phonologischen Silbenstrukturierungsprozess der Substitution noch nicht überwunden, verwendet u.a. für die Konsonantenverbindung [kr] das [kn] und [kl] und zeigt zusätzlich eine konstante Sprechstörung bei der Produktion des [l]-Lautes. Im Kunstunterricht werden zum Thema Objektkunst und nach dem Vorbild des schweizerischen Objektkünstlers Jean Tinguely „Fantasiemaschinen" aus Wertstoffen, Schrott und Alltagsgegenständen gebastelt. Die Lehrerin nimmt in der offenen Unterrichtsphase die „Knöpfe", die Paul als Augen auf den Karton „kleben" will, zum Anlass für eine individuelle Übung der Artikulation und vermeidet es, zum jetzigen Zeitpunkt diese Gegenstände und Tätigkeiten vor der gesamten Klasse benennen zu müssen. Vorher muss er aber noch alten „Kleber" vom „Knopf" „kratzen", was die Lehrerin handlungsbegleitend verbalisiert und dabei die entsprechenden Lautverbindungen prosodisch akzentuiert.

Medien zur Selbstinformation und Kooperation

Zum anderen dienen Medien im Unterricht zur *Selbstinformation* (z.B. Lernstation mit Lösungsblatt oder die Bücherkiste aus der Stadtbibliothek) für die Schüler oder zur *Förderung der Kooperation* zwischen Schülern.

Sogenannte moderne, audiovisuelle Medien stellen nur einen geringen Teil des Spektrums von Objekten und Instrumenten dar, die die pädagogische Vermittlung von Lehrinhalten unterstützen können. Mit Blick auf mögliche sprachliche Barrieren in der mit Medien unterstützten, sprachlichen Vermittlung von Inhalten sollten grafische, visuelle oder akustische Unterrichtsmedien (z.B. Abbildungen und Fotos, Tierpräparate, Musikinstrumente) dahingehend überprüft werden, ob sie Schülern entweder die Ableitung eindeutiger sprachlicher Zielstrukturen ermöglichen oder sie durch die Darstellung komplexer Handlungssituationen (z.B. Wimmelbilder, Hörspiele) zu freier Erzählung anregen.

Die sprachsystematische und narrative Beschreibbarkeit der Medien kann so je nach Perspektive und Anlass für einzelne Schüler als sprachliche Lernchance und Gelegenheit für eine individualisierte Förderung eingeplant werden.

Neben dem geschaffenen kommunikativen Sprechanlass können auch spezifische Lautstrukturen und Wortfelder herausgearbeitet werden und so kann ein „zwingender Kontext" (Motsch 2010, 117) für eine Zielstruktur geschaffen werden, sofern sie nicht vom inhaltlichen Unterrichtsziel der Lerngruppe ablenken.

4.5 Sprach- und kommunikationsfördernde Unterrichtsformen

Flexibilität der Arbeits-, Aktions- und Sozialformen

Im Klassenraum sollte die Anordnung der Tische und Sitzplätze so flexibel sein, dass ohne große Vorbereitung geplante und spontane offene Arbeits- und Sozialformen umsetzbar sind. Diese Flexibilität sollte einen Wechsel der Arbeitsformen (zwischen frontal und offen), der Aktionsformen (z.B. Klassengespräch, Schülerreferat) und der Sozialformen (Einzelarbeit, Partner- und Gruppenarbeit, Klassenunterricht) ermöglichen (Gump 1987; Geuthner 1997).

4.5.1 Offene Unterrichtsformen

Offene und flexible Arbeitsformen im Unterricht bieten Zeit und Platz, um individualisierte Fördermaßnahmen und sprachtherapeutische Techniken in den laufenden Unterricht einzuplanen und auch situativ zu integrieren.

Kommunikation in der Gruppe

Projektarbeit, Tages- oder Wochenpläne, Stationsarbeit, Gesprächskreise, Partner- und Gruppenarbeit sind Arbeits- und Sozialformen, die den Kindern eine eigenaktive Auseinandersetzung mit dem gemeinsamen Lerngegenstand und den verbalen Austausch darüber ermöglichen (Werning/Lütje-Klose 2006, 138).

Reduzierung von Leistungsdruck

Offene und individualisierte Unterrichtsformen reduzieren den öffentlichen Leistungsdruck und die kommunikative Erwartungshaltung und schaffen somit stressfreie Kommunikationsformen. Die Schüler erfahren dadurch sprachliche und kommunikative Selbstbestimmung, Eigeninitiative und Mitbestimmung und erleben so die Möglichkeit erfolgreicher Kommunikation unter den Bedingungen sprachlicher Beeinträchtigung.

4.5.2 Geschlossene Unterrichtsformen

Schüler mit Sprachbeeinträchtigungen können nach offenen Phasen der Selbsttätigkeit mit hoher Eigenverantwortung, Zeitdruck und ggf. konflikthafter oder unbefriedigender Gruppenarbeit die Phasen des Frontalunterrichts als vorübergehende *Entlastung* empfinden (Gudjons 2006, 19). Gesprächsführung und dialogische Kompetenzen wie Zuhören, Gestaltung des Sprecherwechsels, Nachfragen, Themeninitiierung und -beendigung können im *Klassengespräch* modellhaft präsentiert werden. Im

Frontalunterricht erhält die Lehrkraft weiterhin unmittelbare, synchrone Rückmeldungen aller Schüler im Kontext des sprachlichen und kommunikativen Verhaltens der Gesamtgruppe. Im frontal gestalteten Unterricht ist im Rahmen verschiedener Lehrtechniken wie dem Demonstrieren, dem gelenkten Moderieren oder einer Erzählung der Einbau individualisierter, sprachspezifischer Interventionsstrategien sowie das gemeinsame Üben möglich.

Werning, R., Lütje-Klose, B. (2012): Einführung in die Pädagogik bei Lernbeeinträchtigungen. Reinhardt, München, 138–146

4.6 Lehrersprache

4.6.1 Prosodische Aspekte

Die Lehrersprache im Unterricht sollte grundsätzlich nach Neuigkeiten und inhaltlichen oder formalsprachlichen Besonderheiten gestaltet werden. Sie soll Interesse und Bestätigung zum Ausdruck bringen.

Sprachstrukturen präsentieren

Neben der aufmerksamkeitsführenden Funktion einer reflektiert gestalteten Lehrersprache kann diese auch sprachbezogene Aufmerksamkeit und Lernprozesse unterstützen. Die Gestaltung der Lehrersprache nach folgenden Kriterien führt zur Verbesserung im phonetisch-phonologischen und lexikalischen Lernen (Ellis Weismer/Hesketh 1996; vgl. Berg 2011, 43f.).

Aufmerksamkeit und erhöhte sprachliche Lernbereitschaft werden erzielt durch:

- *variierendes Sprechtempo, das die Aufmerksamkeit führt,*
- *minimale Pausen **(fraktioniertes/fragmentiertes Sprechen)** vor den Lauten, Wörtern oder Wortteilen (Morphologie) oder Satzteilen (Syntax), die für einzelne Schüler spezifische sprachliche Lernziele darstellen, und*
- *der **Akzentuierung der Zielstrukturen** durch Lautstärke und Tonhöhe.*

Lernziel: Unterscheiden der beiden Grapheme <s> und <sch> für ein Phonem //.

Medium: Bilderbuch von Eric Carle: „Die kleine Spinne".

Damit alle den Text und die Bilder sehen, werden sie an die Wand projiziert.

Der Lehrer: „Die kleine [Pause] [gedehnt, lauter] / :/-pinne [Pause] [gedehnt, lauter] / :/-pinnt und [Pause] [gedehnt, lauter] / :/-weigt" (vgl. Reber/Schönauer-Schneider 2011).

Schmitt, K., Weiß, P. (2004): Sprach- und Kommunikationsverhalten der Lehrkraft als Mittel unterrichtsimmanenter Sprach- und Kommunikationsförderung. In: Grohnfeldt, M. (Hrsg.): Lehrbuch der Sprachheilpädagogik und Logopädie. Band 5: Bildung, Erziehung und Unterricht. Kohlhammer, Stuttgart, 167–179

4.6.2 Lob

bestärkende Rückmeldung

Lob und Anreize als unmittelbare, authentische und leistungsbezogene Rückmeldung auf erwartungsgemäßes soziales Verhalten und schulische Lernbereitschaft durch die Lehrkraft stellen ein wichtiges Instrument der Lernförderung und der Schaffung motivierender Lernbedingungen dar (vgl. Frey/Irle 2001; Huber 2009, 246f.). Die bestärkenden Rückmeldungen können aber auch auf sprachspezifische Leistungen bezogen werden (Reber/Schönauer-Schneider 2011, 45). Schüler können unmittelbar, konkret und spezifisch für ihre sprachlichen Leistungen gelobt werden. Anstelle von „gut" oder „richtig" können Begründungen für das Lob auch die metasprachlichen Fähigkeiten fördern: „Super, dass du an das /ʃ/ gedacht hast, als du ‚schwimmen' gesagt hast." Solche Rückmeldungen regen zur metasprachlichen Reflexion an und motivieren zur weiteren Erprobung der eigenen sprachlichen Fähigkeiten. Ob solche hervorgehobenen Verweise vor der ganzen Lerngruppe sinnvoll und wirksam sind, hängt vom Maß der sozialen Integration und dem Klassenklima ab.

4.6.3 Nonverbale Aspekte

Artikulation: *Phonetisch-prozedurale Hinweisgesten* mit der Hand und mit leicht überzeichneten Lippen-, Zungen- und Kieferbewegungen während der akzentuierten Ziellaute oder -wörter sensibilisieren die Schüler für die verschiedenen Artikulationsorte und -weisen.

Zur Unterstützung des Schriftspracherwerbs können auch *graphemische Hinweise* verwendet werden, die mit der Finger- und Handgestaltung auf den Buchstaben verweisen.

Prosodische Akzentuierung vor und bei den Zielwörtern und -satzteilen sowie nonverbale, prozedurale Hinweise durch Pantomime oder Zeigegesten können auf den Inhalt und auf kausale Zusammenhänge im Satz hinweisen.

Gestik und Bewegung im Raum: Für die Dauer der kindlichen Äußerung kann das aktive Zuhören durch Blickkontakt unterstrichen werden. Ist das nicht möglich, weil keine Zeit ist oder gerade zu viel Hektik herrscht, sollte das Kind besser auf einen späteren Moment „vertröstet“ werden, um der für das Kind wichtigen Mitteilung die angemessene Aufmerksamkeit zu schenken. Zustimmende Rückmeldung wird durch stilles Nicken und Lächeln gegeben. Zur Schonung der eigenen Stimme und zur Reduzierung der Lautstärke im Raum sollte das Zurufen über größere Distanzen vermieden werden. Stattdessen sollte die Lehrkraft sich in Einzelgesprächen direkt von vorne und auf Augenhöhe dem Kind zuwenden und Stille-Zeichen oder andere Rituale nutzen. Das geduldige Sitzen und Schweigen vor der Gruppe mit aufforderndem Blickkontakt mit jedem einzelnen Schüler dauert zwar länger, kann aber wirksam sein (Heidemann 2007, 28ff.).

4.7 Sprachspezifische Strategien

4.7.1 Sprachliches Modellieren

geschlossene oder Alternativfragen

Ist das sprachliche Handeln des Schülers durch eine Sprach-, Sprech-, Stimm- oder Redestörung eingeschränkt (→ Kapitel 2.4) und droht damit auch in vereinzelten Unterrichtssituationen, z. B. im Klassengespräch mit höherem Erwartungsdruck, eine Behinderung an der Teilhabe am Unterricht, sind als vorübergehende Unterstützung geschlossene oder Alternativfragen für diesen Schüler hilfreich. Das Klassengespräch kann so mit Beteiligung des Kindes fortgesetzt werden, ohne dass die Aufmerksamkeit auf die Beeinträchtigung gelenkt und der Stress des sprachbeeinträchtigten Kindes unnötig erhöht wird (Beispiel für eine geschlossene Frage: „Ist das ein Säugetier?“; Beispiel für eine Alternativfrage: „Ist das eine Eiche oder eine Buche?“).

Bedingungen für sprachspezifische Interventionen

Erlaubt die Atmosphäre in der Klasse die Fokussierung auf die Formen der sprachlichen Äußerungen von Kindern mit Sprachstörungen, können auch in frontalen Unterrichtsphasen beiläufig und indirekt durch sprachspezifische Strategien Zielstrukturen präsentiert oder rückgemeldet werden. Aber auch unter den Bedingungen von Toleranz und Akzeptanz in der Lerngruppe ist der Einsatz individualisierter Strategien nicht immer sinnvoll. Steht ein bestimmtes fachdidaktisches Lernziel aktuell im Mittelpunkt oder ist durch die Sozialform weder die Zeit noch die Aufmerksamkeit für einen sprachfördernden Dialog gegeben, sollte darauf verzichtet bzw. sollten die individuellen Sprachlernziele in Einzel- oder Kleingruppensituationen in der äußeren Differenzierung umgesetzt werden.

geplant Sprachstrukturen aufgreifen

Erlauben es der Zeitpunkt und die aktuellen Arbeitsformen, können folgende sprachspezifische Strategien in den laufenden Unterricht eingebaut werden: Sobald sich die Benennung eines Gegenstands, Themas oder Mediums oder die Beschreibung eines Sachverhalts im Unterricht anbieten, können darin geplant enthaltene Lautstrukturen, Wörter und Satzteile für einzelne Schüler durch prosodische Akzentuierung (also Pausierung, Betonung, Dehnung) und Gestik hervorgehoben werden.

vor- oder nachfolgende Modelle

Solche sprachlichen Modelle können dem Kind vor oder während einer gemeinsamen Handlung angeboten werden oder sie folgen als indirekte Korrektur oder Ergänzung nach einer fehlerhaften Äußerung des Kindes (Conti-Ramsden 1990; Dannenbauer 2002; Schöler et al. 1998, 310).

4.7.2 Kognitives Modellieren: „Lautes Denken"

„Form folgt Intention"

Mit der Strategie des kognitiven Modellierens als „lautes Denken" soll der gedankliche und situative Zusammenhang, der zu einem bestimmten Aufbau einer Äußerung führt, deutlich gemacht werden. Nach diesem Prinzip soll das Kind angeregt werden, eine Äußerung mit Wörtern und Grammatik so vorzubereiten, dass der Gesprächspartner die Intention des Kindes erfassen kann. Die formale Struktur ist dabei zunächst nachrangig (vgl. Nist/Kirby 1986; Bindel 2007, 154).

Die Prämisse lautet: Die sprachliche Form folgt der kommunikativen Intention (vgl. Bindel 2007).

„Lautes Denken" in Bezug auf eine mündliche Äußerung kann einer gemeinsamen Unterrichtshandlung vorausgehen, sie begleiten oder ihr nachfolgen, wie die folgenden Beispiele zeigen:

- Äußerungsplanung deutlich machen: „Hm, ich denke, ich werde Lilly sagen, dass sie etwas lauter sprechen muss."
- Ideen zum Gespräch mitteilen: „Ah! Wie wär's, wenn wir es mit diesem Wort probieren?"
- Strategien offen legen: „Ah. DAS finde ich gut. Ich glaube, Cem versteht dich dann viel besser, wenn du es ihm so erklärst."
- Persönliche Haltungen klar machen: „Das finde ich nicht freundlich. Ich finde es besser, wenn du ihr XY sagst."

Tab. 1: Techniken der sprachlichen Modellierung (Dannenbauer 2002)

Strategie	Funktion	Beispiel
Der kindlichen Äußerungen vorausgehende Interventionen:		
Modellpräsentationen	gehäufte Darbietung von Zielstrukturen	Fokus Perfektbildung: „Hast du gesehen? Ich habe eine Kugel genommen. Hast du auch eine genommen? Paul hat sich auch eine genommen."
Parallelsprechen	Explikation des semantischen Feldes oder syntaktischer Zusammenhänge	Fokus Präpositionen: „Florin, du kannst dich hinter dem Kasten, neben dem Kasten oder im Kasten verstecken."
Alternativfragen	Angebot zweier Zielstrukturen	Fokus Präpositionen/Akkusativ/Dativ: „Ist der Polizist noch in dem Auto oder ist er schon in das Haus gegangen?"
Der kindlichen Äußerungen nachfolgende Interventionen:		
Erweiterung	Vervollständigung mit Wörtern oder Satzteilen	Fokus Agens-Aktion-Lokation: „Da ist Kuh!" „Genau, da steht die große, braune Kuh."
Korrektives Feedback: Lautebene	Wiedergabe der kindlichen Äußerung mit berichtigter Zielstruktur	Fokus Lautergänzung: „Ich habe Nane." „Ja, du hast eine Banane."
Korrektives Feedback: Wortebene		Fokus Wortsetzung: „Ich bin appetitlich." „Aha, du bist hungrig?"
Korrektives Feedback: Satzebene		Fokus Partizipbildung: „Ich habe den Kleber genehmt." „Und ich habe die Schere genommen und das Papier genommen."

4.7.3 Reflexionsorientierte Strategien

über Sprache nachdenken

Mit nonverbalen oder sprachlichen, prosodisch akzentuierten Impulsen oder Rückfragen können Schülern Anlässe geboten werden, die sie motivieren können, „Interesse an der Weiterentwicklung ihrer sprachlichen Handlungskompetenzen auf[zu]bauen“ (KMK 1998, Empfehlungen zum Förderschwerpunkt Sprache). Sie können angeregt werden, selbstständig über sprachliche Strukturen nachzudenken, sie zu verwenden und auch darüber zu sprechen (Meta-Sprache). Hier kommen Konzepte der Deutschdidaktik zum Tragen (Einsicht in verschiedene Textsorten vermitteln, Sprache und Sprachgebrauch untersuchen).

sprachliche Reflexion lenken

Verschiedene Abrufhilfen können die Aufmerksamkeit und das Bewusstsein auf Bereiche lenken, in denen ein Kind spezifische Unterstützung benötigt, also z. B. bei einzelnen Lauten (Phonologie), bei bestimmtem Wortabruf (Metasemantik), beim Satzbau (Metasyntax) oder auch einer bestimmten Redeweise (Metapragmatik). Metasprachliche Modellpräsentationen entsprechen hier der Technik sprachspezifischer Modellierungsstrategien. Die Rückmeldestrategien entsprechen denen der kindlichen Äußerung nachfolgenden Erweiterungs- und Feedbackstrategien (→ Kapitel 4.3.1).

Metaphonologie/„Phonologische Bewusstheit“: Zur sogenannten phonologischen Bewusstheit im frühen Spracherwerb gehört auch die Einsicht in die bedeutungsunterscheidende Funktion und die Kombinationsmöglichkeiten bestimmter Laute (Jansen et al. 1999).

Bis zum Grundschulalter spezifizieren sich diese metasprachlichen Leistungen als phonologische Bewusstheit im engeren Sinne. Das Kind ist dann in der Lage, bewusst auf die Lautstruktur in der wahrgenommenen Sprache zuzugreifen.

Lautanalytische und -synthetische Fähigkeiten entwickeln sich dann zunehmend mit dem Schriftspracherwerb. Zur Förderung der phonologischen Bewusstheit bieten zahlreiche Verlage umfangreiche Materialien und Förderprogramme an.

Metasemantik:

Das semantische Bewusstsein ermöglicht dem Kind, u.a. Ähnlichkeiten von Bedeutungen zu erkennen und bedeutungsgleiche Wörter benutzen zu können, Wörter zusammenzufassen, Teile zusammengesetzter Wörter zu erkennen und zu verstehen, Metaphern zu verstehen und zu benutzen.

Modellhafte Präsentationen von Zielstrukturen und reflexionsorientierte Rückmeldestrategien können diese Fähigkeiten unterstützen. Folgende Beispiele sollen dies veranschaulichen:

Metasemantisches Modell
Kategorienbildung
„Die Gurke, die Kartoffel, die Zwiebel. Das packe ich alles in die Gemüsekiste."

Metasemantische Rückmeldestrategie
Alternativfrage
„Geht der Mann oder läuft er?"

Metasyntax:
Metasyntaktische Fähigkeiten sind notwendig bei der Einschätzung grammatikalischer Korrektheit ganzer Äußerungen, Wortformen und -stellungen

Die metasyntaktischen Fähigkeiten der Schüler können z.B. mit folgenden Vorgehensweisen unterstützt werden:

Modell zur Kontrastierung von Akkusativ und Dativ
„Der Mann ruft den Hund und er ruft die Katze. Der Mann gibt dem Hund das Futter."

Rückmeldestrategie als Alternativfrage zu Akkusativ und Dativ
„Gibt der Mann das Futter dem Hund oder gibt er das Futter der Katze?"

Metapragmatik:
Metapragmatische Fähigkeiten ermöglichen dem Kind, seine Äußerung auf den einzelnen linguistischen Ebenen (Aussprache, Wortwahl, Satzbau, Melodie) bewusst der Situation und dem Gesprächspartner anzupassen.

Mit folgenden Beispielen können solche Gesprächsfähigkeiten angeregt werden:

Metapragmatische Modellpräsentation
Ironie, Humor, Sprachwitze

Metasprachliche Rückmeldestrategie als Rückmeldung zur sozialen Kommunikation
„Laurin, entschuldige dich bitte bei ihm. Wie kannst du das freundlicher sagen, damit er dir das Lineal gibt?"
„Juri, möchtest du, dass so mit dir gesprochen wird?"

Bahr, R., Grimme, B. (2004): Unterricht im sonderpädagogischen Förderschwerpunkt Sprache. Perspektiven für die 2. Ausbildungsphase und Planungsbeispiel. In: Grohnfeldt, M. (Hrsg.): Lehrbuch der Sprachheilpädagogik und Logopädie. Band 5: Bildung, Erziehung und Unterricht. Kohlhammer, Stuttgart, 217–233

Berg, M. (2011): Kontextoptimierung im Unterricht. Praxisbausteine für die Förderung grammatischer Fähigkeiten. 2., überarb. Aufl. Reinhardt, München

Motsch, H.-J. (2010): Kontextoptimierung. Förderung grammatischer Fähigkeiten in Therapie und Unterricht. 3., völlig überarb. u. erw. Aufl. Reinhardt, München

Reber, K., Schönauer-Schneider, W. (2011): Bausteine sprachheilpädagogischen Unterrichts. 2., durchges. Aufl. Reinhardt, München

5 Zusammenfassung und Ausblick

Die Sprache ist ein wichtiges Medium schulischer Lernprozesse. Auch ohne Lautsprache strukturiert und gliedert sie impliziert durch Lexikon, Grammatik und Prosodie soziales Handeln und emotionales Erleben. Die Entwicklung sprachlichen Handelns und dessen formal-linguistischer Struktur in produktiver und rezeptiver Hinsicht ist ein komplexer Prozess mit genetischen, neuronalen und kognitiven Voraussetzungen und sozialen, emotional-motivationalen und spezifischen sprachlichen Bedingungen in der kindlichen Umwelt.

Aufgaben des Förderschwerpunktes Sprache im inklusiven Unterricht

Ist die sprachliche Handlungsfähigkeit eines Schülers beeinträchtigt, kann dies seine Teilhabe an Bildung und Erziehung einschränken. Inklusiver Unterricht hat dann die Aufgabe, die Kinder mit Sprachbeeinträchtigungen in ihrem verzögerten oder gestörten Sprachlernprozess direkt oder indirekt zu unterstützen. Diese sonderpädagogischen Unterstützungsmaßnahmen mit dem Förderschwerpunkt Sprache haben unterschiedliche Reichweite und Fokusse und können sich direkt an das Kind im Unterricht wenden durch individualisierte und kompensierende Hilfen (Förderung). Dazu gehören auch spezialisierte Interventionsformen, die eine Behinderung am Kommunikationsprozess im Unterricht unmittelbar abbauen und spezifische Fertigkeiten sprachlichen Handelns aufbauen (Therapie).

sprachliche Bildung und Förderung für alle

Der inklusive Unterricht richtet sich auf die gesamte heterogene Lerngruppe aus. Sonderpädagogisch reflektierte, sprachliche Bildungsangebote können sich auch an alle Schüler richten und selbstgesteuerte, sprachlich-kommunikative Lernprozesse in Gang setzen. Dafür müssen in der Planung und Vorbereitung inklusiven Unterrichts mögliche Barrieren und behindernde Anforderung, Medien und Arbeitsformen erkannt und vermieden werden. Inklusiver Unterricht erfüllt so eine präventive Funktion im Förderschwerpunkt Sprache.

Angebote für einzelne

Gleichzeitig können die so vorbereiteten sprachspezifischen, barrierefreien Bildungsangebote individuelle Herausforderungen für einzelne Schüler bleiben, die je nach Einschränkung sprachlicher Fertigkeiten therapeutische Immanenz erhalten können. Individuelle und diagnosegeleitete Hilfen durch den Sonderpädagogen stellen dann direkte, problemorientierte Interventionen dar, die spezielle, auf einen Schüler bezogene sprachliche Lern- und Korrekturprozesse auslösen sollen.

Kooperation der Lehrkräfte

An der Planung, Vorbereitung und Durchführung sonderpädagogischer Bildungs- und Unterstützungsangebote mit dem Förderschwerpunkt Sprache im inklusiven Unterricht, die sich an die gesamte Lerngruppe oder einzelne Schüler mit spezifischen Beeinträchtigungen richten, sollten Grundschullehrkräfte und Sonderpädagogen gleichermaßen beteiligt sein.

Beratung

Sonderpädagogische Beratungsangebote entwickeln sich auf einer Reflexionsebene der konkreten Unterrichtsdurchführung und der Veränderung unterstützender Lern- und Entwicklungsbedingungen. Unterrichtsanalysen und -reflexionen können Schwierigkeiten und Probleme bei der Gestaltung barrierefreier sprach- und kommunikationsfördernder Unterrichtsbedingungen erkennbar machen. Dann sind die Qualitätsmerkmale des Unterrichts nach den Kriterien des Förderschwerpunktes Sprache zu untersuchen und methodisch-didaktische Möglichkeiten ihrer Umsetzung zu schaffen. In kollegialer Unterrichts- und Fallberatung können nicht erkannte Veränderungsmöglichkeiten aufgedeckt und Routinen oder Haltungen verändert werden.

Kompetenztransfer

Die Beratungsangebote des Sonderpädagogen mit dem Förderschwerpunkt Sprache können aber auch im Kompetenztransfer liegen und konkret über spezifische Sachverhalte des Spracherwerbs, Phänomene, Ursachen und aufrechterhaltende Bedingungen einzelner Sprach-, Sprech- Stimm- und Redeflussstörungen informieren und Grundschullehrkräfte zu sprach- und kommunikationsförderndem Verhalten anleiten. Dafür sind detaillierte Fachkenntnisse des Sonderpädagogen notwendig, die in diesem Buch im Sinne eines Kanons überblicksartig vorgestellt wurden. Die weiterführenden Literaturhinweise gehören dann zur Grundlagenliteratur im Studium der angehenden Sonderpädagogen mit dem Förderschwerpunkt Sprache. Auch Grundschullehrkräfte müssen künftig über wesentliche Wissensbestände der Strukturen und Funktionen des Sprachgebrauchs, der Sprachlernprozesse, ihrer fördernden und behindernden Entwicklungsbedingungen und Phänomene spezifischer Sprachentwicklungsstörungen und mangelnder Sprachbeherrschung des Deutschen als Zweitsprache verfügen.

Inklusiver Unterricht in der Grundschule fokussiert nicht einzelne Förderschwerpunkte. Seine Konzeption und Didaktik richtet sich an alle Schüler. An Sprachgebrauch und spezialisierter Sprachförderung orientierte, sonderpädagogische Maßnahmen können so gestaltet sein, dass alle Schüler davon profitieren können. Eine inklusive Schule kann aber vorübergehend im gemeinsamen Unterricht oder in anderen kleineren Lerngruppen spezialisierte Angebote vorhalten, die einzelnen Schülern mit spezifischem Unterstützungsbedarf in den Sprachlernprozessen und dem Sprachgebrauch zugute kommen. Grundschullehrkräfte und Sonderpädagogen kooperieren dann mittelbar, indem Inhalte des gemeinsamen Unterrichts als Medien sprachspezifischer Lernziele und Therapie dienen können. Für diese sonderpädagogischen Bildungs-, Beratungs- und Unterstützungsangebote mit einem Förderschwerpunkt Sprache in einem inklusiven System ist exklusive Professionalität notwendig. Sie äußert sich in der gemeinsamen Gestaltung des Unterrichts für alle Schüler und Kooperation bei der spezialisierten Förderung für Schüler zwischen Grundschullehrkräften und Sonderpädagogen.

Literatur

Albrecht, F., Hinz, A., Moser, V. (2000): Vorwort. In: Albrecht, F., Hinz, A., Moser, V. (Hrsg.): Perspektiven der Sonderpädagogik. Disziplin- und professionsbezogene Standortbestimmung. Luchterhand, Neuwied

Astington, J. W. (2006): The Developmental Interdependence of Theory of Mind and Language. In: Levinson, S.C., Enfield, N. J. (Hrsg.): The Roots of Human Sociality: Culture, Cognition, and Human Interaction. Berg, Oxford, 179–206

Atteslander, P. (2006): Methoden der empirischen Sozialforschung. 11. Aufl. Erich Schmidt, Berlin

Auwärter, M. (1983): Kontextualisierungsprozesse für Äußerungen bei Kindern unterschiedlicher Entwicklungsstufen. In: Boueke, D., Klein, W. (Hrsg.): Untersuchungen zur Dialogfähigkeit von Kindern. Narr, Tübingen, 75–95

Bahr, R. (2007): Unterricht und Therapie. In: Grohnfeldt, M. (Hrsg.): Lexikon der Sprachtherapie. Kohlhammer, Stuttgart

Baumgartner, S. (2006): Sprachtherapie und Sprachförderung im Unterricht: Kritische Analyse und Konzeptbildung. Die Sprachheilarbeit 6, 268–277

Baumgartner, S. (1997): Perspektiven einer veränderten Wissensvermittlung in der Sprachheilpädagogik. Die Sprachheilarbeit 42, 260–276

Benecken, J. (2004): Zur Psychopathologie des Stotterns. Praxis der Kinderpsychologie und Kinderpsychiatrie 53, 623–636

Benecken, J., Spindler, C. (2004): Zur psychosozialen Situation stotternder Schulkinder in Allgemeinschulen. Die Sprachheilarbeit 49 (2), 61–70

Berg, M. (2011): Kontextoptimierung im Unterricht. Praxisbausteine für die Förderung grammatischer Fähigkeiten. Reinhard, München

Bernstein, B. B. (1971): Class, Codes and Control: Theoretical Studies towards a Sociology of Language. Routledge & Kegan Paul, London

Berthel, J., Becker, F. G. (2010): Personal-Management: Grundzüge für Konzeptionen betrieblicher Personalarbeit. Schäffer-Poeschel, Stuttgart

Bickes, H., Pauli, U. (2009): Erst- und Zweitspracherwerb: Eine Einführung. UTB, Stuttgart

Bindel, R. (2007): Kognitives Modellieren als didaktisches Prinzip. In: Kohlberg, T. (Hrsg.): Sprachtherapeutische Förderung im Unterricht. Kohlhammer, Stuttgart, 144–160

Bindel, R. (2002): Sprachbeeinträchtigungen als Probleme sprachlicher Implikation und Explikation. Konsequenzen für einen therapieimmanenten Unterricht. In: dgs Kongressbericht Phänomen Sprache. Edition von Freisleben, Würzburg, 82–100

Bleidick, U., Hagemeister, U. (1998): Einführung in die Behindertenpädagogik. Band I. 6. Aufl. Kohlhammer, Stuttgart

Braun, O. (2006): Sprachstörungen bei Kindern und Jugendlichen. Kohlhammer, Stuttgart

Braun, O. (2004): Unterricht als sprachtherapeutischer Unterricht. In: Grohnfeldt, M. (Hrsg.): Lehrbuch Sprachheilpädagogik und Logopädie, Band 5. Kohlhammer, Stuttgart, 42–52

Braun, O. (1991): Integration sprachbehinderter Kinder in der Praxis. Die Sprachheilarbeit 36 (5), 209–218

Braun, O., Homburg, G., Teumer, J. (1980): Grundlagen pädagogischen Handelns bei Sprachbehinderten. Die Sprachheilarbeit 25, 1–17

Brophy, J.E. (2008): Teaching. International Academy of Education & International Bureau of Education, Brussels

Bruner, J. S. (2002): Wie das Kind sprechen lernt. 2. erg. Aufl. Huber, Bern

Brunnhuber, P. (1971): Prinzipien effektiver Unterrichtsgestaltung. Auer, Donauwörth

Bundesministerium für Arbeit und Soziales (2009): Hinterlegung der Ratifikationsurkunde: VN-Behindertenübereinkommen wird für Deutschland verbindlich. Pressemitteilung Bundesministerium für Arbeit und Soziales (BMAS) vom 24.02.2009. In: www.bmas.de/DE/Themen/Teilhabe-behinderter-Menschen/Politik-fuer-behinderte-Menschen/Uebereinkommen-der-Vereinten-Nationen/rechte-von-menschen-mit-behinderungen.html; 13.07.2012

Calculator, S., Jorgensen, C. (1994): Including Students with Severe Disabilities in Schools. Singular Publishing Group, San Diego

Chomsky, N. (2002): Syntactic Structures. Mouton de Gruyter, Berlin

Chomsky, N. (1999): On the Nature, Use and Aquisition of Language. In: Ritchie, W. V., Bhatia, T. K. (Hrsg.): Handbook of Child Language Acquisition. Academic Press, San Diego, 33–54

Cohn, R. (1979): Von der Psychoanalyse zur themenzentrierten Interaktion. Klett-Cotta, Stuttgart

Constable, C. (1986): The Application of Scripts in the Organization of Language Intervention Contexts. In: Nelson, K. E. (Hrsg.): Event Knowledge: Structure and Function in Development. Lawrence Erlbaum, Hillsdale, NJ, 34–43

Conti-Ramsden, G. (1990): Maternal Recasts and Other Contingent Replies to Language Impaired Children. Journal of Speech and Hearing Disorders 55, 262–274

Daly, D. A., Burnett, M. L. (1996): Cluttering. Assessment, Treatment, Planning, and Case Study Illustration. Journal of Fluency Disorders 21, 239–248

Dannenbauer, F. M. (2002): Grammatik. In: Baumgartner, S., Füssenich, I. (Hrsg.): Sprachtherapie mit Kindern. Reinhardt, München, 123–203

Ditton, H.(2000): Qualitätskontrolle und Qualitätssicherung in Schule und Unterricht. Ein Überblick über den Stand der empirischen Forschung. Zeitschrift für Pädagogik 41, 73–92

Drave, W., Rumpler, F., Wachtel, P. (Hrsg.) (2000): Empfehlungen zur sonderpädagogischen Förderung: Allgemeine Grundlagen und Förderschwerpunkte (KMK) mit Kommentaren. Empfehlungen zum Förderschwerpunkt Sprache (1998). Edition Bentheim, Würzburg, 223–240

Duchan, J. F. (2000): Situated Language Assessment: Influences Form the Past, Directions Form the Future. Seminars in Speech and Language 21 (3), 23–29

Duchan, J. F., Lund, N.J. (1993): Assessing Childrens' Language in Naturalistic Contexts. Prentice Hall, Englewood Cliffs, N. J.

Ellis Weismer, S., Hesketh, L. J. (1996): Lexical Learning by Children with Specific Language Impairment: Effects of Linguistic Input Presented at Varying Speaking Rates. Journal of Speech and Hearing Research 39, 177–190

Klafki, W. (2007): Neue Studien zur Bildungstheorie und Didaktik: zeitgemäße Allgemeinbildung und kritisch-konstruktive Didaktik. Weinheim, Beltz

Faulstich, P., Grell, P. (2005): Widerständig ist nicht unbegründet – Lernwiderstände in der Forschenden Lernwerkstatt. In: Faulstich, P., Forneck, H. J, Grell, P., Häßner, K., Knoll, J., Springer, A. (Hrsg.): Lernwiderstand – Lernumgebung – Lernberatung. Empirische Fundierungen zum selbstgesteuerten Lernen. WBV, Bielefeld, 18–92

Filipp, S.-H. (1995): Ein allgemeines Modell für die Analyse kritischer Lebensereignisse. In: Filipp, S.-H. (Hrsg.): Kritische Lebensereignisse. Psychologie Verlagsunion, Weinheim, 3–53

Fogel, A., Thelen, E. (1987): Development of Early Expressive and Communicative Action: Reinterpreting the Evidence from a Dynamic System Perspective. Developmental Psychology 23, 747–761

Franz, H.-W., Kopp, R. (Hrsg.) (2003): Kollegiale Fallberatung. State of the Art und organisationale Praxis. EHP – Edition Humanistische Psychologie, Bergisch Gladbach

Frey, D., Irle, M. (2001): Theorien der Sozialpsychologie. Huber, Bern

Fried, L. (2006): Schwerpunktthema: Sprachstandserhebung für Kindergartenkinder und Schulanfänger. Sprache – Stimme – Gehör 30, 45–92

Friedrich, J. (1993): Der Gehalt der Sprachform. Akademie Verlag, Berlin

Füssel, H.-P., Kretschmann, R. (1993): Gemeinsamer Unterricht für behinderte und nichtbehinderte Kinder. Pädagogische und juristische Voraussetzungen. Wehle, Witterschlick/Bonn

Füssenich, I., Merkel-Wörner, O., Kensy, A. (2009): Mein Kind kommt in die Schule. Grundschule 4, 11

Geuthner, D. (1997): „Das Würzburger Modell" macht Schule – Räumliche Bedingungen für die Arbeit in der Schule zur Erziehungshilfe. eev–aktuell 2, Nürnberg, 23 –25

Glück, C. (2011): Mit Sprache teilhaben. Positionspapier der Deutschen Gesellschaft für Sprachheilpädagogik e.V. In: http://www.dgs-ev.de/fileadmin/bilder/dgs/pdf-dateien/Positionspapier_MitSprache_Inklusion.pdf, 13.07.2012

Glück, C., Mußmann, J. (2009): Inklusive Bildung braucht exklusive Professionalität. Entwurf für eine ‚Inklusive Sprachheilpädagogik'. Die Sprachheilarbeit 54, (5), 221–228

Grimm, H. (2003): Sprachscreening für das Vorschulalter (SSV). Kurzform des SETK 3–5. Hogrefe, Göttingen

Grimm, H. (2000): Sprachentwicklung. Hogrefe, Göttingen

Grohnfeldt, M. (Hrsg.) (2010): Sprachheilpädagogik und akademische Sprachtherapie als kooperierende Fachdisziplinen. Analyse und weiterführende Überlegungen. Vierteljahresschrift für Heilpädagogik und ihre Nachbargebiete (VHN) 79, 158–168

Grohnfeldt, M. (2007): Lexikon der Sprachtherapie. Kohlhammer, Stuttgart

Grohnfeldt, M. (2005): Selbstverständnis und theoretische Grundlagen. 2. Aufl. Kohlhammer, Stuttgart.

Grohnfeldt, M./Ritterfeld, U. (2005): Grundlagen der Sprachheilpädagogik und Logopädie. In: Grohnfeldt, M. (2005): Selbstverständnis und theoretische Grundlagen. 2. Aufl. Kohlhammer, Stuttgart, 15–46.

Grohnfeldt, M., Romonath, R. (2005): Sprachheilpädagogik und Logopädie im internationalen Vergleich. In: Grohnfeldt, M. (Hrsg.): Selbstverständnis und theoretische Grundlagen. Kohlhammer, Stuttgart, 251–273

Grötzbach, H. (2004): Zielsetzung in der Aphasietherapie. Forum Logopädie 18 (5), 12–16

Grötzbach, H., Iven, C. (Hrsg.) (2009): ICF in der Sprachtherapie Umsetzung und Anwendung in der logopädischen Praxis. Schulz-Kirchner, Idstein

Gudjons, H. (2006): Methodik zum Anfassen. Klinkhardt, Bad Heilbrunn

Günther, B., Günther, H. (2007): Erstsprache, Zeitsprache, Fremdsprache. 2. Aufl. Beltz, Weinheim

Gump, P. V. (1987): School and Classroom Environments. In: Stokols, D., Altman, I. (Hrsg.): Handbook of Environmental Psychology. Wiley, New York

Hattnher, M., Hengeveld, K. (2007): Advances in Functional Discourse Grammar: Introduction. Alfa 51 (2), 7–10

Hartmann, B. (2007): Systemische Mutismus-Therapie. In: Grohnfeldt, M. (Hrsg.): Lexikon der Sprachtherapie. Kohlhammer, Stuttgart

Hartig-Gönnheimer, M. (1994): Entwicklung und Störungen des Selbst bei sprachbehinderten Kindern. Marhold, Berlin

Heidemann, R. (2007): Körpersprache im Unterricht. Ein Ratgeber für Lehrende. Quelle & Meyer, Wiebelsheim

Helmke, A. (2010): Unterrichtsqualität und Lehrerprofessionalität. Kallmeyer, Seelze/Velber

Helmke, A., Schrader, F.-W. (2008): Merkmale der Unterrichtsqualität. Potenzial, Reichweite und Grenzen. Seminar – Lehrerbildung und Schule 14 (3), 17–47

Hessisches Sozialministerium (2007): Bildung von Anfang an. Bildungs- und Erziehungsplan für Kinder von 0 bis 10 Jahren in Hessen. Wiesbaden, 69–70

Hinz, A. (2009): Inklusive Pädagogik in der Schule – veränderter Orientierungsrahmen für die schulische Sonderpädagogik!? Oder doch deren Ende?? Zeitschrift für Heilpädagogik 60, 171–179

Hinz, A. (2004): Entwicklungswege zu einer Schule für alle mit Hilfe des „Index für Inklusion“. Zeitschrift für Heilpädagogik 5, 245–250

Homburg, G (1983): Spielen und Handeln in der Didaktik der Sprachbehinderten. In: Deutsche Gesellschaft für Sprachheilpädagogik (Hrsg.): Der Kongressbericht: Konzepte und Organisationsformen zur Rehabilitation Sprachbehinderter. Wartenberg & Söhne, Hamburg

Huber, Ch. (2009): Gemeinsam einsam? Empirische Befunde und praxisrelevante Ableitungen zur sozialen Integration mit Sonderpädagogischem Förderbedarf im Gemeinsamen Unterricht. Zeitschrift für Heilpädagogik 7, 242–248

Humboldt, W. von (1965): Bildung und Sprache. Ferdinand Schöningh, Paderborn

ISAAC (2010): Handbuch der Unterstützten Kommunikation. Loeper, Karlsruhe

Johannsen, H. S., Schulze, H. (Hrsg.)(1993): Praxis der Beratung und Therapie bei kindlichem Stottern. Werkstattbericht. Verlag Phoniatrische Ambulanz der Universität Ulm, Ulm

Kalkowski, H. (1987): Therapeutische Aspekte im Klassenunterricht an der Schule für Sprachbehinderte. Erfahrungen aus dem Primarbereich. Die Sprachheilarbeit 32, 109–119

Kanfer, F. H., Reinecker, H., Schmelzer, D. (2000): Selbstmanagementtherapie. Ein Lehrbuch für die klinische Praxis. Springer-Verlag, Berlin

Kannwischer, K. (2008): Bilingualismus in der frühen Kindheit. Diplomica, Hamburg

Kany, W., Schöler, H. (2010): Fokus Sprachdiagnostik. Leitfaden zur Sprachstandsbestimmung im Kindergarten. Cornelsen Scriptor, Berlin

Kauschke, C. (2007): Sprache im Spannungsfeld von Erbe und Umwelt. Die Sprachheilarbeit 52 (1), 4–16

Kauschke, C. (2003): Sprachtherapie bei Kindern zwischen 2 und 4 Jahren. Ein Überblick über Ansätze und Methoden. In: Langen-Müller, U. de, Iven, C., Maihack, V. (Hrsg.): Früh genug. Zu früh, zu spät. ProLog, Köln, 152–183

Kielhöfer, B., Jonekeit, S. (1983): Zweisprachige Kindererziehung. Stauffenberg, Tübingen

Klafki, W. (2007): Neue Studien zur Bildungstheorie und Didaktik: zeitgemäße Allgemeinbildung und kritisch-konstruktive Didaktik. Beltz, Weinheim

Klann-Delius, G. (2008): Spracherwerb. 2. aktual. u. erw. Aufl. Metzler, Stuttgart

Klann-Delius, G. (2002): Bindung und Sprache in der Entwicklung. In: Brisch, K.-H., Grossmann, K. E., Grossmann, K., Köhler, L. (Hrsg.): Bindung und seelische Entwicklungswege. Klett-Cotta, Stuttgart, 87–108

Klann-Delius, G., Kauschke, C. (1996): Die Entwicklung der Verbalisierungshäufigkeit von inneren Zuständen und emotionalen Ereignissen in der frühen Kindheit in Abhängigkeit von Alter und Affekttyp: eine explorative, deskriptive Längsschnittstudie. Linguistische Berichte 161. 68–89

Knebel, U. von (2007): Sprachförderung im Unterricht als diagnosegeleiteter Prozess. In: Schöler, H., Welling, A. (Hrsg.): Sonderpädagogik der Sprache. Hogrefe, Göttingen, 1082–1103

Kracht, A., Schümann, H. (1994): Kommunikationsprobleme zweisprachiger Kinder unter der Bedingung der Immigration – ein Fall von „Selektivem Mutismus“? Die Sprachheilarbeit 39, 280–287

Kroath, F. (2004): Zur Entwicklung von Reflexionskompetenz in der LehrerInnenausbildung. Bausteine für die Praxisarbeit. In: Rahm, S., Schratz, M. (Hrsg.): LehrerInnenforschung. Theorie braucht Praxis. Braucht Praxis Theorie. Studienverlag, Innsbruck, 179–193

Krummheuer, G., Naujok, N. (1999): Grundlagen und Beispiele Interpretativer Unterrichtsforschung. Leske & Budrich, Opladen

Kuhl, J., Steiner, K., Probst, H. (2012): Die Arbeit Sonderpädagogischer Förderzentren aus Sicht der Grundschule. Zeitschrift für Heilpädagogik 3, 120–128

Kultusministerkonferenz (1998): Empfehlungen zum Förderschwerpunkt Sprache (Beschluß der Kultusministerkonferenz vom 26.06. 1998). In: http://www.kmk.org/fileadmin/veroeffentlichungen_beschluesse/1998/1998_06_26-FS-Sprache.pdf, 11.7.2012

Kultusministerkonferenz (2011): Inklusive Bildung von Kindern und Jugendlichen mit Behinderungen in Schulen (Beschluss der Kultusministerkonferenz vom 20.10.2011). In: www.kmk.org/fileadmin/veroeffentlichungen_beschluesse/2011/2011_10_20-Inklusive-Bildung.pdf, 13.07.2012

Küpelikilinç, N., Ringler, M. (2007): Spracherwerb von mehreren Sprachen. In: Verband binationaler Familien und Partnerschaften e.V. (Hrsg.): Kompetent mehrsprachig. Sprachförderung und interkulturelle Erziehung im Kindergarten. Brandes & Apsel Verlag, Frankfurt, 29–50

Lambert, W. E. (1974): Culture and Language as Factors in Learning and Education. In: Aboud, F. E., Meade, R. D. (Hrsg.): Cultural Factors in Learning and Education, Western Washington Univ., Bellingham, 91–122

Linke, A., Nussbaumer, M., Portmann, P. R. (2004): Studienbuch Linguistik. 5. erw. Aufl. Niemeyer, Tübingen

Locke, J. L. (1997): A Theory of Neurolinguistic Development. Brain and Language 58, 265–326

Locke, J. L. (1993): The Child's Path to Spoken Language. Harvard University Press, Cambridge

Lüdtke, U., Bahr, R. (2002): Förderschwerpunkt Sprache: Kriterien und Standards zur Entwicklung schulischer Prozessqualität. Zeitschrift für Heilpädagogik 6, 236–243

Lütje-Klose, B. (2008): Mobile sonderpädagogische Dienste im Förderschwerpunkt Sprache. Rekonstruktionen aus der Perspektive der durchführenden Sprachbehindertenpädagoginnen. Zeitschrift für Heilpädagogik 8, 282–292

Lütje-Klose, B. (1997): Wege integrativer Sprach- und Kommunikationsförderung in der Schule. Konzeptionelle Entwicklungen und ihre Einschätzung durch amerikanische und deutsche ExpertInnen. Röhrig Verlag, St. Ingbert

Lütje-Klose, B., Willenbring, M. (1999): Kooperation von Regelschullehrerin und Sprachbehindertenpädagogin – eine wesentliche Bedingung für die integrative Sprach- und Kommunikationsförderung. Die Sprachheilarbeit 44 (2), 63–76

Marvin, C. A. (1990): Problems in School-Based Speech-Language Consultation and Collaboration Services. Defining the Terms and Improving the Process. In: Secord, W. A., Wiih, E. H. (Hrsg.): Collaborative Programs in the Schools Concepts, Models and Procedures. Harcourt Brace Jovanovich, San Antonio, 37–47

McLean, J., Snyder-McLean, L. (1978): A Transactional Approach to Early Language Training: Derivation of a Model System. Charles E. Merrill, Columbus, OH

Meirelles-Schupfner, P. (1996): (Früh-)Kindlicher Spracherwerb in zwei Sprachen (Deutsch und bras. Portugiesisch): empirische Analysen. Magisterarbeit am Institut für Deutsch als Fremdsprache, München

Menyuk, P. (2000): Wichtige Aspekte der lexikalischen und semantischen Entwicklung. In: Grimm, H. (Hrsg.): Enzyklopädie der Psychologie. Bd. 3: Sprachentwicklung. Hogrefe, Göttingen/Bern/Toronto/Seattle, 171–192

Mertens, A. (1996): Diagnose von Sprachbehinderung bei Zweisprachigkeit. Böhlau, Köln/Weimar/Wien

Meyer, H. (2008): Was ist guter Unterricht? Cornelsen Scriptor, Berlin

Michaelis, R. (2004): Das „Grenzsteinprinzip" als Orientierungshilfe für die pädiatrische Entwicklungsbeurteilung. In: Schlack, H. G. (Hrsg.): Entwicklungspädiatrie. Marseille/München, 123–129

Mitterhuber, D. (2008): Fachsprache und Lesekompetenz. In: Landesinstitut für Lehrerbildung und Schulentwicklung (Hrsg.): Unterrichtserfahrungen im Fachunterricht der Sekundarstufe I. 3. Teil der LI-Reihe Lesekompetenz. Landesinstitut für Lehrerbildung und Schulentwicklung, Hamburg, 5–9

Motsch, H.-J. (2010): Kontextoptimierung. Förderung grammatischer Fähigkeiten in Therapie und Unterricht. Reinhardt, München

Motsch, H.-J. (2008): Deprofessionalisierung der (Sprach-) Heilpädagogik – internationalisiert, inkompetent, wegrationalisiert. Vierteljahresschrift für Heilpädagogik und ihre Nachbargebiete 77 (1), 4–8

Mußmann, J. (in Vorbereitung): Kooperation, Beratung und inklusive Sprachförderung.

Rekonstruktionen von Sichtweisen zum Förderschwerpunkt Sprache in der inklusiven Grundschule (Arbeitstitel). Habilitationsschrift

Mußmann, J. (2012a): Förderschwerpunkt Sprache im inklusiven Unterricht. Sonderpädagogik in Berlin 1, 4–22

Mußmann, J. (2012b): Eckpunkte für den Förderschwerpunkt Sprache an Grundschulen. Sonderpädagogik in Berlin 1, 23–26

Mußmann, J. (2011): Professionalism and Institutionalisation of Education of Speech and Language Impaired Children in an Inclusive System in Germany. International Journal of Special Education 26 (2)

Mußmann, J. (2006): Kognitions- und selbstpsychologische Aspekte eines sprach- und kommunikationsfördernden Unterrichts. In: Bahr, R., Iven, C. (Hrsg.): Sprache – Emotion – Bewusstheit. Beiträge zur Sprachtherapie in Schule, Praxis, Klinik. Schulz Kirchner, Idstein, 518–525

Mutzeck, W. (2005): Kooperative Beratung. Beltz, Weinheim

Mühlhausen, U. (2006): Unterrichten lernen mit Gespür. Szenarien für eine multimedial gestützte Analyse und Reflexion von Unterricht. Schneider Hohengehren, Baltmannsweiler

Nauwerck, P. (2005): Zweisprachigkeit im Kindergarten. Fillibach, Freiburg im Breigau

Nelson, K. (1973): Structure and Strategy in Learning to Talk. Monographs of the Society for Research in Child Development 38 (1/2), 1–135

Nelson, N.W. (1995): Scaffolding in the Secondary School: A Tool for Curriculum-Based Intervention. In: Tibbits, T. F. (Hrsg.): Language Intervention Beyond the Primary Grades. Pro-ed, Austin, TX, 13–21

Neumann, S., Romonath, R.: Kinder mit LKGS-Fehlbildung im Spiegel der ICF-CY: Entwicklung eines sprachtherapeutischen Core Sets. Die Sprachheilarbeit 53 (5), 264–273

Nist, S. L., Kirby, K. (1986): Teaching Comprehension and Study Strategies through Modeling and Thinking Aloud. Reading Research and Instruction 25, 254–264

Oliveira-Mußmann, M., Mußmann, J. (2009): Teilhabeorientierte Unterstützung in der Therapie stotternder Jugendlicher und Erwachsener. Herausforderungen sprachtherapeutischer Arbeit mit pädagogischen Ansprüchen. Zeitschrift für Heilpädagogik 3, 91–98

Orthmann, W. (1977): Bemerkungen zur erziehungswissenschaftlichen Grundlage der Sprachbehindertenpädagogik. Die Sprachheilarbeit 22, 37–49

Orthmann, W. (1969): Zur Struktur der Sprachgeschädigtenpädagogik. Marhold, Berlin

Papoušek, H., Papoušek, M. (1989): Stimmliche Kommunikation im frühen Säuglingsalter als Wegbereiter der Sprachentwicklung. In: Keller, H. (Hrsg.): Handbuch der Kleinkindforschung. Springer, Berlin, 465–489

Piaget, J. (1982): Sprechen und Denken des Kindes. Pädagogischer Verlag Schwann, Düsseldorf

Pinker, S. (1996): Der Sprachinstinkt: wie der Geist die Sprache bildet. Kindler, München

Petersen, P., Petersen, E., Rutt, T. (1965): Die Pädagogische Tatsachenforschung. Schönigh, Paderborn

Preuss-Lausitz, U. (2010): Separation oder Inklusion. Zur Entwicklung der sonderpädagogischen Förderung im Kontext der allgemeinen Schulentwicklung. In: Berkemeyer, N., Bos, W., Holtappels, H. G., McElvany, N., Schulz-Zander, R. (Hrsg.): Jahrbuch der Schulentwicklung, Bd. 16. Juventa, Weinheim/München, 153–180

Preuss-Lausitz, U. (2008): Probleme der Definition und Sicherung von Ressourcen sonderpädagogischer Förderung. Beltz, Weinheim, 457–463

Proctor-Williams, K., Fey, M. E., Loeb, D. F. (2001): Parental Recasts and Production of Copulas and Articles by Children with Specific Language Impairment and Typical Language. American Journal of Speech-Language Pathology 10, 155–168

Rapp, M.: Stottern im Spiegel der ICF: ein neuer Rahmen für Diagnostik, Therapie und Evaluation. Forum Logopädie 2, 14–19

Reber, K., Schönauer-Schneider, W. (2011): Bausteine sprachheilpädagogischen Unterrichts. 2. Aufl. Reinhardt, München

Reiser, H. (2003): Vom Begriff Integration zum Begriff Inklusion – Was kann mit dem Begriffswechsel angestoßen werden? Sonderpädagogische Förderung 48, 305–312

Rimmasch, T. (2003): Kollegiale Fallberatung – Was ist das eigentlich? In: Franz, H.-W., Kopp, R. (Hrsg.): Kollegiale Fallberatung. State of the Art und organisationale Praxis. EHP – Edition Humanistische Psychologie, Bergisch Gladbach

Ritterfeld, U. (2007): Elternpartizipation. In: Schöler, H., Welling, A. (Hrsg.): Sonderpädagogik der Sprache. Hogrefe, Göttingen, 922–952

Ritterfeld, U. (1999): Pragmatische Elternpartizipation in der Behandlung dysphasischer Kinder. Sprache – Stimme – Gehör 23, 192–197

Ritterfeld, U. , Rindermann, H. (2004): Mütterliche Einstellungen zur sprachtherapeutischen Behandlung ihrer Kinder. Zeitschrift für Klinische Psychologie und Psychotherapie 33, 172–18

Ritterfeld, U., Lüke, T., Dürkoop, A.-L., Subellok, K. (2011): Schulentscheidungsprozesse und Schulzufriedenheit in Familien mit einem sprachauffälligen Kind. Ein empirischer Beitrag zur Inklusionsdebatte am Beispiel von Förderschulen mit dem Förderschwerpunkt Sprache in NRW. Die Sprachheilarbeit 56, 66–77

Rodrian, B. (2009): Elterntraining Sprachförderung. Handreichung für Lehrer, Erzieher und Sprachtherapeuten. Reinhardt, München

Rogers, C. R. (2004): Entwicklung der Persönlichkeit: Psychotherapie aus der Sicht eines Therapeuten. Klett-Cotta, Stuttgart

Romonath, R. (2001): Schule als Sprachlernort. In: Die Sprachheilarbeit 46, 155–163

Romonath, R., Prüser, E. (1995): Zur integrativen sprachtherapeutischen Förderung kommunikationsgestörter Kinder und Jugendlicher im Schulsystem der USA. In: Gieseke, Th. (Hrsg.): Integrative Sprachtherapie. Tendenzen und Veränderungen in der Sprachheilpädagogik. Verlag für Wissenschaft und Bildung, Berlin, 65–91

Ronjat, J. (1913): Le developpment du langue observé chez un infant blingue. Champion, Paris

Rothweiler, M., Kroffke, S. (2006): Bilingualer Spracherwerb: Simultane und sukzessive Mehrsprachigkeit. In: Siegmüller, J., Bartels, H. (Hrsg.): Leitfaden Sprache – Sprechen – Stimme – Schlucken. Elsevier, München, 44–49

Sander , A. (2004): Inklusive Pädagogik verwirklichen. In: Schnell, I., Sander , A. (Hrsg.): Inklusive Pädagogik. Klinkhardt, Bad Heilbrunn, 11–22

Schank, R., Abelson, R. (1977): Scripts, Plans, Goals and Understanding. Erlbaum, Hillsdale, NJ

Schoor, U. (2000): Psychologische Grundlagen. In: Grohnfeldt, M. (Hrsg.): Lehrbuch der Sprachheilpädagogik und Logopädie. Bd. 1. 2. Aufl. Kohlhammer, Stuttgart, 184–216

Schorb, A. O. (1983): Globalanalyse des Unterrichts als Bezugsrahmen für spezielle Unterrichtsanalysen. In: Ehlich, K., Rehbein, J. (Hrsg.): Kommunikation in Schule und Hochschule. Narr, Tübingen 326–332

Schöler, H., Häring, M., Schakib-Ekbatan, K., Spohn, B., Spohn, S. (1998): Diagnostik und Differentialdiagnostik bei Sprachentwicklungsauffälligkeiten: Desiderate und Folgerungen für die Praxis. In: Schöler, H., Fromm, W., Kany, W. (Hrsg.): Spezifische Sprachentwicklungsstörungen und Sprachlernen. Edition Schindele, Heidelberg, 295–317

Schlee, J. (2008): Kollegiale Beratung und Supervision für pädagogische Berufe. Hilfe zur Selbsthilfe, ein Arbeitsbuch. Kohlhammer, Stuttgart

Schulz von Thun, F. (1998): Miteinander reden 3. Das „innere Team“ und situationsgerechte Kommunikation. Rowohlt, Reinbek

Schulz, W. (1981): Unterrichtsplanung: mit Materialien aus Unterrichtsfächern. Urban & Schwarzenberg, München

Seiffert, H. (2008): Wie therapeutisch ist der sprachtherapeutische Unterricht? – Dimensionen sprachbezogener Interventionen im Unterricht bei Schülern mit dem Förderbedarf Sprache. Die Sprachheilarbeit 53 (3), 147–153

Seitz, S. (2006): Inklusive Didaktik: Die Frage nach dem ‚Kern der Sache'. Zeitschrift für Inklusion(1). In: http://www.inklusion-online.net/index.php/inklusion, 13.07.2012

Siegmüller, J. (2010): Genetische Syndrome. In: Siegmüller, J., Bartels, H. (Hrsg.): Leitfaden Sprache – Sprechen – Stimme – Schlucken. Urban & Fischer in Elsevier, München, 174–177

Siegmüller, J., Kauschke, C. (2006): Patholinguistische Therapie bei Sprachentwicklungsstörungen. Urban & Fischer in Elsevier, München

Söntgen, W. (1992): Unterrichtsanalyse. Methodische Ansätze und ihre wissenschaftstheoretischen Implikationen. Kovac, Hamburg

Suchodoletz, W. v. (2004): Sprachentwicklung, Sprachentwicklungsverzögerung, Sprachentwicklungsstörung. In: Suchodoletz, W. von (Hrsg.): Welche Chancen haben Kinder mit Entwicklungsstörungen? Hogrefe, Göttingen, 156–199

Szagun, G. (2010): Sprachentwicklung beim Kind. 3., vollst. überarb. Aufl. Beltz, Weinheim

Szagun (2007): Das Wunder des Spracherwerbs. So lernt Ihr Kind sprechen. Beltz, Weinheim

Theisel, A., Glück, C. W. (2012): Hauptmerkmale eines entwicklungswirksamen Unterrichtsangebotes für sprachbeeinträchtigte Kinder in der Einschätzung von Experten. Die Sprachheilarbeit 57, 24–34

Tomasello, M. (2008): Die kulturelle Entwicklung des menschlichen Denkens: zur Evolution der Kognition. Suhrkamp, Frankfurt

Triarchi-Herrmann, V. (2012): Mehrsprachige Erziehung – Wie Sie Ihr Kind fördern. 2. aktual. Aufl. Reinhardt, München

Troßbach-Neuner, E. (1997): Entwicklungsorientierte Sprachförderung im Unterricht. Die Sprachheilarbeit 42, 277–288

Vernooij, M.-A. (2000): Verhaltensstörungen. In: Borchert , J. (Hrsg.): Handbuch der Sonderpädagogischen Psychologie. Hogrefe, Göttingen/Bern/Toronto/Seattle, 32–44

Welling, A. (2007): Unterricht und Therapie – die didaktische Frage im Förderschwerpunkt Sprache. In: Schöler, H., Welling, A. (Hrsg.): Sonderpädagogik der Sprache. Hogrefe, Göttingen, 955–981

Welling, A. (2006): Einführung in die Sprachbehindertenpädagogik. Reinhardt, München

Werner, L. (2001): Das Märchen vom „ungelösten Dualismusproblem“ in der Sprachbehindertenpädagogik oder: Wie (Sprach-)Therapie und Unterricht doch zueinander finden. In: Müller, A. (Hrsg.): Sonderpädagogik provokant. Ed. SZH/SPC Luzern, 203–209

Werner, L. (1995): Aspekte der Integration von Therapie und Unterricht in der Schule für Sprachbehinderte sowie in schulorganisatorisch integrativ organisierten Einrichtungen. In: Gieseke, Th. (Hrsg.): Integrative Sprachtherapie. Tendenzen und Veränderungen in der Sprachheilpädagogik. Verlag für Wissenschaft und Bildung, Berlin, 109–121

Werner, L. (1975): Therapieimmanenz in der Schule für Sprachgeschädigte. Die Sprachheilarbeit 20, 77–83

Werning, R., Lütje-Klose, B. (2012): Einführung in die Pädagogik bei Lernbeeinträchtigungen. 3., überarb. Aufl. Reinhardt, München

Wojnesitz, Alexandra (2010): „Drei Sprachen sind mehr als zwei“: Mehrsprachigkeit an Wiener Gymnasien im Kontext von Migration. Waxmann, Munster/New York/München/Berlin

WHO (2005): ICF-Internationale Klassifikation der Funktionsfähigkeit, Behinderung und Gesundheit. WHO, Genf

Wolf, E. S. (1998): Theorie und Praxis der psychoanalytischen Selbstpsychologie. Suhrkamp, Frankfurt a. M.

Sachregister